정보화 시대의 민주주의

정보화 시대의 민주주의

1판 1쇄 인쇄: 2000년 12월 1일
1판 1쇄 발행: 2000년 12월 5일

저 자: 유광수 배득종 김세중 이선로
       박정순 이봉형 정상기

발행인: 채윤기
발행처: 도서출판 나노미디어

　　　등록번호: 제 8-257호
　　　서울 은평구 응암동 91-3 동아빌딩 401호
　　　Tel 02)384-2797   Fax 02)384-2798
　　　홈페이지 http://www.nanomedia.co.kr

편집: 편집공방 하제
표지: 이규대
인쇄: 경문인쇄
제본: 경문제책

ISBN 89-89292-01-8 (03340)

정가 10,000원

정보화 시대의 민주주의

유광수 배득종 외 공저

나노미디어

"본 연구는 1997년도 및 1998년도 한국학술진흥재단 인문·사회과학분야 중점영역연구비 지원에 의한 것임."

감사의 글

모든 책이 다 그렇겠지만, 이 책 역시 많은 우여곡절 끝에 완성되었다.

집필 기간 중 사상 초유의 외환위기가 발생하여 연구가 계속 진행될 수 있을지 불투명하기도 했었다. 게다가 이 분야의 선행 이론도 없고, 새로운 자료는 끊임없이 업데이트되어서 곤란한 점이 많았다. 부족하나마 탈고하게 되었는데, 이 분야의 발전에 기여할 수 있었으면 하는 바램이 크다.

연구 기간 중 도움을 주신 분들이 많다. 우선, "ALBANY 분들"께 특별한 감사를 드린다. 연합감리교회를 비롯한 많은 ALBANY 분들께서 집필을 계속할 수 있도록 정서적으로 도와주셨다.

이 책을 흔쾌히 출판해 준 나노미디어의 채윤기, 채준배 두 분께도 한없는 고마움을 표한다. 두 분의 열성과 관심이 크게 꽃 피워지기를 기원한다.

지금은 요업기술원에 근무하지만, 대학원 시절 조교로서 집필을 도왔던 최동순 군에게도 특별한 감사를 전한다.

2000년 초겨울

배득종

정보화 시대의 민주주의 · **차례**

제2편 정보화 시대의 정치와 민주주의

제 1 장

서 론

1. 2000년 세종로

2000년 1월 1일 0시. 정부는 세종로에서 '새천년맞이 행사'를 대대적으로 펼쳤다. 수많은 인파가 모여 있던 그 장소는 한국의 역사와 정치의 현장이다. 특히 20세기 내내 한일합방, 해방과 건국, 군사독재와 민주화 등 역사적 사건들이 벌어졌던 중심지였고, 정부종합청사가 있고, 기타 정부관련기관과 외국기관들이 있고, 그 뒤로 청와대가 있다. 이런 의미에서 새천년맞이 행사가 이곳에서 치러졌던 것은 적절해 보인다.

그러나 앞으로 100년 후, 즉 22세기의 시작을 이곳에서 다시 기념할 수 있을까? 확답을 할 수는 없지만, 그렇게 되지 않을 것 같다.

시간을 지금부터 100년만 앞당겨 보자. 1900년의 광화문 앞. 대원군이 중건한 지 얼마 안 되는 조선 정치의 중심지 경복궁이 우뚝 서 있다. 그 경복궁이 십 년도 지나지 않아 문화재(역사의 공동

묘지)가 되고 만다. 경복궁 앞에 세워진 조선총독부 역시 비슷한 운명이다. 그것이 만들어진 지 몇십 년 되지도 않아서 박물관이 되어 버릴 줄 누가 예측했겠는가. 세종로에는 지금 정부종합청사가 있다. 이 청사가 박물관이 되려면 얼마나 오랜 시간이 남아 있을까? 별로 오래 걸리지 않을 것이다.

정보화 혁신이 이제 막 시작되었는데, 이것이 가속 탄력을 받게 되면 종합청사가 역사적 유물이 되는 것은 시간 문제다. 청와대도 그렇고, 여의도의 국회의사당도 지금 자기 수명의 마지막 단계를 보내고 있다.

사람은 누구나 자신의 시대를 산다. 바로 앞 세대가 직면했던 시대가 다르고, 자신과 자손이 맞이할 시대는 또 다르다. 지금은 정보통신혁명이 막 시작된 시기로서, 향후 한두 세대 안에 '인간이 생활하는 방식'을 근본적으로 바꿀 정도로 큰 변혁을 맞이하게 된다. 정보통신혁명은 한 번 왔다 사라지는 유행이 아니라 21세기를 관통할 커다란 흐름이 될 것이다.

'근본적인 변화'가 어떤 모습으로 나타나게 될지에 대해서 구체적으로 알고 있는 사람은 아무도 없다. 단 3년 후의 기술 변화도 예측하기 어렵다. 변화의 템포가 그만큼 빠르기 때문이다. 최근 미국 상무부의 발표에 의하면 인터넷 사용회수가 매 100일마다 100%씩 성장하고 있다고 한다.

그러나, 미래 사회의 구체적인 모습을 그릴 수는 없지만, 대체적인 경향은 잡혀 가고 있다. 정보통신기술의 발전으로 인해 그동안 우리가 당연하게 여겨 왔고, 또 그 속에서 안주해 살아 왔던 각종 시간적, 공간적 제약들이 풀려 나갈 것이란 점이다. 인터넷

서점(internet bookstore), 전자상거래(electronic commerce), 디지털 도서관(digital library), 원격 교육(distant education), 전자 관공서 (electronic government), 전자 교도소(electronic prison), 전자 마을 (digital village), 가상 공동체(virtual community) 등은 현재에도 시도되고 있고, 머지 않은 장래에 실현될 수 있을 뿐 아니라 전통적인 존재들과 공존 또는 대체할 수 있는 것들이다. 수많은 미래 예견자들이 저마다 줄 베르느(Jules Verne)가 되어 사이언스 픽션과 같은 멋진 신세계를 그리고 있다.

그렇다면 이런 변화가 정치 부문에서는 어떤 형태로 이루어질 것인가? 정치는 너무나 은밀하고, 또 고도의 판단력을 필요로 하기 때문에 정보통신혁명의 발전과는 상관이 없을까? 아니면 앞에서 예로 든 전자상거래의 경우처럼 전자정당, 전자정치와 같은 새로운 변화가 올 것인가? 정보통신기술의 발달에 힘입어 고대 아테네의 직접민주주의와 같은 그런 민주주의가 가능해질 것인가? 정당은 존속할 수 있을까? 직업정치인이란 직종이 계속 유효할 것인가?

이것 역시 앞으로 어떻게 될 것이라고 웬만한 정도의 신빙성을 가지고 예측할 수는 없다. 그러나 인터넷 철학자 존 페리 발로우 (John Perry Barlow)같은 이는 "앞으로 50년 이내에 미국연방정부가 없어진다"고 공언하고 있다(Bowen, 1996: p.10). 그 때쯤이면 모든 업무와 의사결정이 전자통신으로 대체되기 때문에 현재와 같은 정부가 필요 없다고 보기 때문이다.

하지만 반론도 많이 제기된다. 정치란 본래 "누가 무엇을 어떻게 얻느냐"(who gets what and how?)하는 행위로서 정보통신기술이 아무리 발달한다해도 근본은 변할 수 없다는 주장이다. 이런 견해에 따르면, 정보통신기술에 따른 전자민주주의의 등장은 정치의 액세서리들(accessories) 중 하나이지 정치에 중추적(backbone) 역할을 할 수는 없다고 한다.

정보화 시대에 새롭게 등장하고 있는 사이버 시대의 정치를 혹자는 전자민주주의(electronic democracy)라고 명명한다. 혹은 사이버 민주주의(cyber-democracy), 원격민주주의(teledemocracy), 또는 가상민주주의(virtual democracy)라고도 한다. 명칭이야 어떻든 이들은 모두 정보화 시대의 새로운 민주주의 현상을 통칭하고 있으며, 알려진 것보다는 알려지지 않은 것이 더 많고, 실현된 것보다는 잠재력이 더 크다. 이런 새로운 현상에 대하여 ① 그것의 의의는 무엇이고, ② 어떻게 출발하여 현재까지 어떻게 파급되고 있는가, 그리고 ③ 전자민주주의의 장래는 어떻게 예측되는가, 특히 ④ 한국에서의 전자민주주의 의의와 활성화 방안은 무엇인가를 탐구하는 것이 본 연구의 목적이자 의의이다.

2. 주요 탐구 문제

시민들은 오래 전부터 직업정치인에 의해서 민의가 대변되는 대의민주주의(representative democracy)의 단점과 폐단을 잘 알고 있었지만, 지금까지는 대안을 찾을 수 없었다. 하지만 이제 정보통신기술의 발전은 새로운 대안인 사이버 데모크라시의 가능성을 타진하고 있다. 즉, 테크놀로지와 민주주의를 결합시킬 수 있다면,

전혀 새로운 형태의 민주주의가 가능할 것으로 예상된다.

기술과 정치가 혼합된 전자민주주의란 재택선거, 전자투표, 전자공청회, 전자회의 등과 같은 정치과정의 전자화를 통칭한다. 이들은 정보통신매체의 발달에 힘입어 시민들이 직접 정치 의견을 표현할 수 있도록 직접민주주의(direct democracy) 요소를 강화시킨다.

그러나 전자민주주의는 아직 정립된 개념이 아니라 이제 막 등장한 새로운 현상이다. 따라서 아직은 주도적 이론(leading theory)도 없고, 이 현상에 대한 실증적 연구(empirical studies)도 미흡하다. 단지 전망과 예견이 난무하는 상황이다. 이 예견들은 때로는 직관으로 충만한 훌륭한 것들이지만, 대개는 믿을 수 없는 개인적 견해일 경우가 더 많다. 예측 경향도 전자민주주의의 도래로 시민 참여와 정치 발전이 크게 향상될 것이라는 장밋빛 전망으로부터 전자감시, 정보독재, 정보불균형 등 비관적인 전망까지 다양하다. 한 마디로 전자민주주의는 아직 탄생의 혼돈 상태에 있다고 할 수 있다.

이러한 전자민주주의에 대한 학술적 접근은 어떻게 가능할 것인가? 우선 연구 대상들부터 명확히 할 필요가 있다. 현재 상태에서 전자민주주의를 탐구하기 위해서는 다음과 같은 문제 의식이 가능할 것이다.

1) 전자민주주의가 어떻게 등장하게 되었는가?
2) 현재의 보급 및 확산 현황은 어떠한가?
3) 전자민주주의에는 어떤 유형들이 있는가?

4) 이런 새로운 변화의 의의는 무엇인가? 특히 전자민주주의를 통해 과연 직접민주주의가 강화되고, 시민들이 더 많이 정치에 참여하고, 또 실질적으로 정치의 수준을 향상시킬 수 있는가? 그것의 순기능과 역기능은 무엇인가?

5) 전자민주주의의 장래 발전 동향은 어떻게 될 것인가?

6) 전자민주주의의 정치철학은 무엇인가? 전자민주주의를 기존의 정치이론으로 평가할 수 있는가?

위와 같은 질문은 정보화 시대의 민주주의를 고려할 때 당연히 제기되어야 할 의제들이다. 그런데 여기에 더하여 한국에서의 전자민주주의에 대한 논의가 추가된다면 훨씬 더 연구의 적실성이 높을 것이다. 한국의 정보화와 민주주의에 관해서는 다음과 같은 질문들이 가능하다.

1) 현재 전자민주주의의 현황은 어떠한가?

2) 한국에서의 전자민주주의의 의의는 무엇인가?

3) 그것의 실현 가능성은 무엇인가? 또 저해 요인은 무엇인가?

4) 어떻게 전자민주주의를 적극적으로 보급 및 확산시킬 수 있는가?

3. 책의 구성

이 책은 크게 두 부분으로 나뉘어 있다. 제1편에서는 정보화 시대라는 환경적 변화 요인을 살펴본다. 여기서는 기술 발전과 그것이 사회에 미치는 영향(제2장), 정보화 시대의 사람(제3장), 공동체(제4장), 그리고 미래의 국가(제5장)를 각각 설명한다. 제2편에서는 전자민주주의의 현재(제6장)와 정치사상적 의의(제7장), 그리고 앞으로의 전망(제8장)을 탐구한다.

제1편

제2장에서는 통신 네트워크의 과거, 현재와 미래를 탐구하였다. 여기서 특히 역점을 둔 것은 기술이 인간 사회에 긍정적 효과뿐 아니라 부정적 효과도 미칠 수 있다는 사실이다. 이는 단순히 구색을 갖추기 위한 것이 아니다. GNR(gene engineering, nano technology, and robotics) 기술이 지금 추세로 발전하면, 2030년 경부터는 기계가 인간을 지배하는 능력을 갖추기 때문이다.

제3장에서는 e-people의 특성을 설명하였다. 앞으로 정보화 사회가 성숙되어 갈수록 e-people이란 말 자체가 필요 없어질 것이다. 왜냐하면 모두가 다 e-people이 될 것이기 때문이다. 하지만 현재로서는 e-people의 인구, 사회학적 특성을 고려할 만하다. 이들이 생리적 인구와도 차이가 나고, 사회적인 행태는 점점 더 과거의 그것과 달라지기 때문이다. 특히, 정치에 관한 이들의 태도는 유의해 볼 필요가 있다. 이들은 네트워크 속에서 콜럼버스가 아메리카 대륙을 찾듯 호기심에 차서 정치관련 사이트를 방문한다. 그러나 이들은 기껏해야 정치인에게 전자우편을 보내는 정도의 참여만 하고, 적극적인 정치 행위(기부금 제공 등)는 오히려 싫어하는 경향을 보이기 때문이다.

제4장에서는 가상공동체의 특성을 주로 살펴보았다. 공동체가 되기 위해서는 ① 친숙함, ② 안정된 관계, ③ 질서, ④ 소속감, 그리고 ⑤ 전인격적 관계가 있어야 한다. 그런데 가상공동체(virtual community 또는 접속공동체)에 관한 연구와 관찰에 의하면, 구성원들이 ① 공감대 공유, ② 지식자본제공, ③ 사회적 네트워크 활용 등을 통해 실제 공동체에 버금가는 역할을 수행하고 있다고 한다. 주요 연구 사례로 WELL(주제별 토론 공동체), BEV(전자마을) 등이 있다.

제5장에서는 미래의 국가에 대한 논의가 전개된다. 현재 전세계적으로 약 200여 개의 국가들이 있다. 그런데 이들 국가가 다 없어지고 하나의 세계정부(world government)로 통합될 것이라는 견해가 있다. 그와 반대로, 국가들은 더욱 작은 단위로 분화되어 앞으로 지구는 약 2,000~3,000개의 마이크로 국가들에 의해 운영될 것이란 견해도 있다. 아리스토텔레스 이후 국경(border)의 존재는 정치의 기본 전제였다. 이런 기본 전제가 흔들릴 상황이므로, '정보화 시대의 민주주의'를 논하기에 앞서 '미래의 국가'라는 환경 변화를 짚어 보아야 한다.

제2편

제6장에서는 미국과 한국, 그리고 기타 세계 여러 지역에서 등장하고 있는 다양한 전자민주주의 사례들을 통해 전자민주주의의 현재 모습과 특징을 설명한다. 사례가 워낙 다양하기 때문에, 이해를 돕기 위해 유형화하는 기준들을 살펴본다. 즉, 커뮤니케이션 방식에 따른 유형화, 기능에 따른 유형화, 정치과정별 유형화를

논의한다. 그런 다음 전자민주주의의 대표적인 사례들을 선별하여 설명한다. firstgov.gov, whitehouse.gov, calvoter.org, vote.com 등 미국의 사례가 설명되고, 한국의 경우에는 청와대, 총선시민연대 등이 소개된다.

제7장은 이 책에서 가장 역점을 두는 것으로서, 전자민주주의의 정치철학적 의의를 탐구한다. 고대 아테네의 직접민주주의와 이에 대한 비판을 통해 전자민주주의의 의의를 새롭게 생각할 기회를 갖는다. 대의제 민주주의의 이념과 철학을 되돌아봄으로 해서, 과연 전자민주주의가 지향하는 직접민주주의가 인간의 자유를 확장시키는 데 유효한가를 탐구해 본다. 관료제로부터의 자유, 기업(자본)으로부터의 자유, 조직으로부터의 자유 등 보다 현대적인 정치철학적 논제가 전자민주주의와는 어떻게 연계되는가를 살펴본다. 그리고 전자민주주의를 가장 잘 설명해 주는 다원주의(pluralism) 이론들을 통해 전자민주주의와 다원주의의 유사점 및 차이점을 논구한다. 마지막으로 참여민주주의가 전자민주주의의 발전에 어떻게 기여할 것이며, 또 닷컴(.com) 시대의 민주주의는 어떠할 것인지를 구상한다.

제8장에서는 전자민주주의의 미래를 전망한다. 미래 예측의 어려움은 있지만, 정치 커뮤니케이션 발달과정을 통해, 어렴풋이나마 전자민주주의의 미래를 조망한다. 현대와 같은 대의민주주의 체제에서, 지배적인 정치 커뮤니케이션은 '일對다수 + 다수對일'(one-to-many + many-to-one)의 형태를 취한다. 여기서 일(one)

은 정치인(또는 정치대리인)을 뜻하고 다수(many)는 시민을 의미한다. 그리고 정치인과 시민은 대중전달매체 또는 대의적 정치체제(+로 표시되어 있음)에 의해 간접적으로 연결되어 있다. 그러나 전자민주주의에서는 '다수對일 + 일對다수'의 의사소통이 정치의 지배적인 커뮤니케이션 양식이 될 것이다. 전자주민회의 같은 것이 대표적인 사례일 것이다. 그러나 이런 새로운 커뮤니케이션 방식도 기술 발전과 함께 '다수對일對다수'로 진화해 갈 것이다. 이 단계는, 상당한 시일이 지나야 실현될 것이겠지만, 거의 모든 정치가 네트워크 상에서 이루어지는 상황을 의미한다. 그러나 현재 전자민주주의를 열렬히 옹호하는 사람들이 흔히 이상적인 상태라고 보는 '다수對다수'의 커뮤니케이션은 지배적인 양식이 되기보다는 보조적인 역할을 하는 데 머물 것이다. 기술적인 한계 때문이 아니라 인간의 한계 때문에 그렇다.

　제9장은 여기서 미처 다루지 못한 주제들을 언급하고, 전자민주주의에 있어서 '책임 있는 정치에 대한 인간성의 회복'이 가장 중요함을 다시 강조한다.

제1편

정보화 시대의 사람, 공동체, 그리고 국가

제2장

정보화 사회의 도래

1. 전혀 새로운 시대의 도래

1980년 미국의 시사주간지 TIMES는 앨빈 토플러를 표지 모델로 게재하였다. 파도가 출렁이는 바닷가를 배경으로 한 그의 손에는 『The Third Wave』란 책이 한 권 들려 있었다. 지금은 너무도 유명해졌지만, 당시에는 낯설었던 그 책이 새로운 시대의 도래를 대중들에게 알려 주었다.

그의 책으로 인해 제3의 물결이 시작된 것이 아니라, 이미 움직이기 시작한 대조류(大潮流)를 전직 저널리스트였던 토플러가 한 발 앞서 대중에게 알렸던 것이다. 전체 인류의 90% 이상이 산업 사회적 생활을 하고 있는 상황에서, 후기산업사회도 훨씬 뛰어넘는 정보화 사회가 가속적으로 다가오고 있었다.

정보화는 초기에 일단의 전문가들 사이에 유행하는 이상야릇한 현상으로 간주되었다(1960~70년대). 토플러의 『제3의 물결』 후기에는 이런 말이 나온다. "내가 컴퓨터 전문가들을 상대로 제3의 물결에 대한 강의를 막 마치고 질문을 받을 때였다. 어떤 이가 질문을 했다. '그 책을 쓸 때 어떤 타자기를 사용했는가?' 하고 말이다. 나는 '타자기가 아니라 워드프로세서'라고 답하였다. 그러자 환호 소리와 함께 여기저기서 박수가 터져 나왔다."

1980년대가 되자 컴퓨터는 더 많은 수의 지식인들이 사용하는 보편적인 도구가 되었다. 대부분 end-user인 필자들의 기억에 의하면, 예전에는 SPSS와 같은 통계처리 프로그램을 이용하려면 대단히 번거로운 과정을 거쳐야 했었다. 처음에는 프로그램 작성용지에 손으로 프로그램과 데이터를 일일이 작성하였다. 이렇게 작성된 워크시트를 가지고 컴퓨터 센터로 가서, 메인프레임 컴퓨터를 운영하는 담당 직원한테 그 종이를 제출하면 며칠 후에 오라는 답을 들었다. 며칠 후에 가 보면, 기대했던 답은 얻지 못하고, 그 대신 사소한 오류 때문에 프로그램이 작동하지 못했다는 경고 메시지만 잔뜩 받아오게 된다. 다시 오류를 수정하고, 워크시트를 제출하고, 얼마 동안 기다린 후 결과를 받아볼 수 있었다.

그러던 것이 컴퓨터가 보급되면서, 이제는 사용자가 직접 프로그램을 입력하는 단계가 되었다. 그러나 그 방식은 지금과 많이 달랐다. 사용자는 타자기와 비슷한 기계 앞에 앉아서, 원하는 내용을 입력하면, 그 내용이 펀치 카드(punch card)에 구멍이 뚫려서 기록이 된다. 이렇게 구멍이 뚫린 카드를 전산실 직원한테 제출하면, 그들이 작업을 대신하여 결과물을 만들어 내었다. 지금 생각하면 대단히 불편한 과정이었지만, 그 당시에는 그 정도만으로도 큰 발전이라고 여겨졌다. 두툼한 펀치 카드 뭉치를 들고 다니면 특별한 사람으로 인식되었다.

그 다음 단계는, 터미널(단말기)의 등장이다. 메인프레임과 연결된 단말기의 등장으로 펀치 카드가 사라졌다. 요즘의 모니터처럼 생긴 단말기에서 직접 명령문을 입력하면, 처리 결과가 모니터나 프린터로 즉시 전송되었다. 멋진 신세계가 시작된 것이다. 그러나 이것도 개인용 컴퓨터의 등장에 비하면 대단한 일이 못 된다.

개인용 컴퓨터(personal computer)가 개발되자, 메인프레임 컴퓨터와 연결될 필요가 없게 되었다. TV가 처음 개발되어 방송되었을 때, "여러분들은 집안에 오케스트라의 특별석을 마련한 것이나 다름없습니다"(Grossman, p.93: 1995)라고 평가했던 것과 마찬가지로, 개인용 컴퓨터의 등장은 "여러분들은 이제 방 안에 전산실을 갖추게 되었습니다"라고 하는 것이나 마찬가지였다. 개인용 컴퓨터는 지식인들과 사무직 근로자의 폭발적인 인기를 이끌어냈다. 모뎀을 통해 메인프레임 컴퓨터와 연결되는 개인용 컴퓨터는 정보화 사회라는 것을 꿈꿀 수 있게 만들어 주었다.

1990년대가 되자 상황은 더욱 가속적으로 진전되었다. 컴퓨터라는 도구가 상업과 산업에 활용되면서, 이제는 부의 창출을 위해 없어서는 안 될 기계가 되었다. 인터넷이 개발되고, 정보통신 기술이 발전하며, 전자상거래까지 논의되자 이제 정보화는 생활이 되기 시작했다. 정보화는 이제 일시적으로 유행하다 없어질 그런 추세가 아니다. 오히려 21세기를 관통하여 22세기까지 이어질 역동적 변화의 서곡이다.

정보화 시대의 역동적 변화가 어느 정도까지 진행될 것인가? 이를 가늠해 보기 위해서는 다소 급진적이기는 하나 우리에게 많은 직관을 제공해 주고 있는 다음의 두 선구자를 참조해 보자.

My Name is wjm@mit.edu

MIT의 사이버과학자인 미첼(William J. Michell) 교수는 어느 날 부터인가 자신을 "내 이름은 wjm@mit.edu 입니다"하고 소개하기 시작했다.(Michell, 1995: p.6)

우리는 자신을 소개할 때 "내 이름은 _____입니다. 내 전자우편주소는 ___@____입니다"라고 하는 것이 보통이다. '나'라는 자연인을 보조해 주는 것이 전자우편주소인 것이다.

그런데 미첼은 자연인(自然人)으로서의 자신의 이름은 생략시켜 버리고, 전자 ID를 자기 이름으로 소개하기 시작한 것이다. 즉, 육체적인 존재보다는 정보를 만들어 내고, 교환해 나가는 전자적 존재가 더 큰 의미를 갖는다는 뜻이다.

이런 선언은 "전통적인 과거의 세상은 이제 완전히 새로운 세상에게 자리를 내주어야 할 때가 되었다"는 외침이나 마찬가지다.

Leaving the Physical World

발로우는 1997년 일본 오이타에서 열린 HyperNetworking 회의에서 '물질 세계를 떠나면서'라는 연설을 하였다. 그는 미국 와이오밍의 목장에서 카우보이로 성장하다 애플 컴퓨터를 만난 후 바뀌게 된 자신의 인생이 이제는 Electronic Freedom Foundation을 설립하여 전자소통과 지적재산권 보호 운동을 하게 되었다면서 그의 인생을 한 마디로 "물질 세계를 떠나 사이버 세계로 옮겨가는 과정"이라고 표현하고 있다. 그리고 자신뿐만 아니라 전세계의 모든 사람이 좋아하든 아니든 상관없이 사이버 세계(Cyber World)에 살게 될 것임을 선언하고 있다. 사이버 세계란 인간의 정신활동을 전자적으로 구현한 것으로서 물질 세계와 많은 차이가 있다.

Brave New Cyber World

사람이 살아 있다는 증거가 무엇인가? 생물학적으로는 신진대
사활동을 계속하는 한 살아 있는 것으로 본다. 그러나 인간은 생
물학적 유기체 이상의 존재이다. 바로 정보를 만들어 내는 존재인
것이다. 살아 있는 사람은 어떤 정보든 계속해서 만들어 낸다. 더
이상 정보를 생산해 내지 못할 때 그 때 사람은 사망한 것이다.

죽어서도 정보를 계속 제공하는 사람들도 있다. 역사상의 위대
한 사람들이 대표적인 사례다. 우리 속담에 '호랑이는 죽어서 가
죽을 남기고, 사람은 죽어서 이름을 남긴다'는 말이 있듯이, 이름
이 남아 있는 한 정보가 계속 생산, 유통, 소비된다. 정보가 계속
된다면 그의 존재는 '영원히 살아 있는' 사람과 다를 게 없다.

반대로 아무도 기억하지 않는 사람은 정말로 죽은 사람이다. 사
이버 세계에서 정보를 생산, 유통, 소비하지 않거나 앞으로도 그
럴 가능성이 적은 사람은 사망자와 다를 바 없다. 미래 사회에서
생과 사는 육체의 한계를 떠나 정보생성 여부로 판단될 일이다.

이런 의미에서 미첼과 발로우는 자신의 존재를 '정보화 시대로
옮겨 간 사람들'의 표본이 될 수 있다. 사이버 공간에서 '아직 정
보를 만들어내고 있는 존재'로서의 자신을 선언한 것이다. 미첼은
미래 정보 시대의 감옥은 지금의 감옥과 전혀 다를 것으로 예측하
고 있다. 죄수에게서 접속 ID를 박탈하는 것이 가장 무거운 형벌
이 될 것이라고 한다. 네트워크에 접속하지 못하면 정보를 생산할
수도 없고, 소비할 수도 없다. 사이버 시대에는 새로운 정보를 생

산해 내지 못한 이런 사람을 '죽은 사람'이라고 부른다.

사이버 시대에 동참할 것인가 말 것인가 하는 질문은 이제 더이상 의미가 없다. 머지 않은 장래에 전 인류가 사이버 시대를 살게 된다. 누가 더 적극적으로 새로운 문명을 수용하느냐, 전통적인 문명에 머물러 있느냐 하는 차이만 남아 있을 뿐이다.

사이버 시대로의 이행은 사회경제적으로도 결정되겠지만, 다분히 개인의 선택이란 측면도 있다. 미첼처럼 1990년대 중반에 이미 완전히 사이버 공간으로 이주해서 살아가는 사람이 있는 반면, 필요할 때만 잠깐씩 사이버 공간으로 여행을 다녀오는 사람도 있을 것이고, 아예 그것을 거부하는 사람도 있다. 그러나 본인이 그것을 받아들이든 거부하든 관계없이, 사이버 시대는 이미 문 앞에 다가와 있다. 우리는 전혀 새로운 세계인 전인미답(前人未踏)의 프론티어(The frontier nobody has been there)를 만나고 있다.

그러나 미래에 모든 것이 사이버 세계로 전이되어 가지는 않는다. 사이버 세계 중에는 ① 전자화된 정보만 흐르는 경우가 있고, ② 동시에 반드시 물질적인 이동이 수반되어야 하는 의미를 갖는 경우가 있다. 그런가 하면 ③ 굳이 물질적인 이동을 수반할 필요는 없지만 권한의 이동이 수반되어야 하는 사이버 공간도 있다.

전자 정보의 흐름만으로 커뮤니케이션이 완결되는 경우의 예로는 news, shareware, education, BBS, entertainment 공간 등이 있다. 이들은 가장 빨리 사이버화할 분야들이다.

한편 CALS, Electronic Commerce, Home Shopping, CyberMall 등의 작업은 물질의 이동(구매한 상품 등의 전달)이 이루어져야 작업이 완결된다. 이런 분야에서는 의사결정은 사이버화하기 쉽지만 물질 이동은 여전히 물리적으로 이루어져야 하므로, 정보 흐름과 물질 이동을 여하히 일치시키느냐가 사이버화의 성패를 좌우한다.

　굳이 물질적인 이동을 수반할 필요는 없지만 권한의 이동은 반드시 수반되어야 하는 영역이 있다. 텔레뱅킹, 주식거래, 신용카드 결제, 전자화폐 등의 영역은 전자 네트워크의 주요 대상이다. 이 영역에서는 권한(소유권)의 이동이 일어나야만 의미를 갖는다. 즉, 모의 주식투자와 실제 주식투자의 차이점은 결제를 위한 현금의 이동이 수반되느냐 아니냐에 달려 있다. 현금의 이동 그 자체는 전자적으로 처리될 수 있지만, 현금을 벌어들이는 행위(즉, 노동활동 등)는 물질적 활동을 필요로 한다. 미래 사회에서는 육체적인 활동만 노동이 아니고 지적인 부가가치 창출도 노동이기 때문에, 어떤 노동행위는 물질 세계에서 일어나고 또 어떤 노동행위는 사이버 공간 속에서 완결되기도 한다. 그러나 노동행위의 형태가 어떻든 권한이동이 완결되기 위해서는 노동을 필요로 한다는 점에서, 이 분야는 사이버화에 어느 정도 제약을 받게 된다.

　미래 사회는 물질 세계가 지배하는 사회도 아니고, 그렇다고 사이버 세계가 지배하는 사회도 아닐 것이다. 국제적으로 '사이버스페이스의 철학자'라고 불리고 있는 마이클 하임에 의하면 미래 사회는 "물질 세계와 가상 세계가 공존하는 세상"일 것이다(Heim, 1993: p.18). 이 두 세계가 공존하는 가운데, 사이버 세계에 더 많이 연관된 삶을 사는 사람들(즉, 앞에서 예로는 미첼이나 발로우 같은 사람들)도 있을 것이고, 반대로 여전히 물질 세계에 더 많이 관련된 삶을 사는 사람도 있어서, 이들이 공생하는 사회가 미래 사회라고 보는 것이 더 합리적인 예측이다.

2. 사이버 세계의 특징과 발전과정

(1) 사이버 공간의 개념

발로우에 의하면 사이버 세계는 "전화가 있는 곳이면 어디서든 들어갈 수 있다." 따라서 그는 벨(Bell)과 IBM의 왓슨(Watson)이 만난 1876을 사이버 세계의 기원으로 잡는다(http://www.eff.org).

그러나 사이버 공간에 관해 합의된 개념은 아직 없으며, 따라서 발로우의 해석도 자의적이다. 하지만 사이버공간이란 명칭은 깁슨(Gibson)의 과학소설 『Neuromancer』(1984)에서 처음으로 사이버 공간(Cyberspace)이라고 명명된 후 많은 사람들이 '편하게, 그러나 모호하게' 사용하는 가장 일반적인 이름이 되었다.

깁슨이 사이버 공간이란 용어를 사용한 이유는 '모든 사람을 전세계에 흩어져 있는 정보원과 기계에 연결시키는 글로벌 컴퓨터 네트워크'라는 매우 혁신적인 생각을 새로운 용어로 표현하기 위해서였다. 이 신조어는 '읽고 표현하기 위한 컴퓨터와 두뇌의 접속'을 의미하는 'Neuromancer'라는 제목에 이미 반영되어 있다.

원래 Cyber의 어원은 '통제하다, 방향을 조정하다'라는 뜻을 가진 희랍어 kybernan이다. 즉, 개념이 아무리 다양해지더라도 그것의 잠재적 의미는 정보의 흐름과 통제에 연관되어 있는 것이다.

사이버 공간을 좀더 공식적으로 정의하자면, 전세계적 정보처리 시스템에 담겨 있는 모든 정보를 완벽하게 공간상에 가시화시켜 놓은 것이다. 이 공간은 통신 네트워크에 의해서 유지되며 다자간(multiple users)의 완벽한 공존과 상호작용을 가능하게 해주며, 인간의 모든 감각기관을 통해 입력과 출력이 가능하게 해준다.

현실 또는 가상현실에 대한 시뮬레이션도 가능하게 한다.

사이버 공간은 대체로 다음과 같은 특징을 갖는다.

- 사이버 공간은 새로운 병렬적 우주(a parallel universe)를 말한다. 이 병렬적 우주란 우리가 지금 발을 딛고 있는 세계와 유사하기는 하지만 결코 동일하지 않은 세계를 말하며, 이것은 컴퓨터와 통신 라인을 기반으로 하여 구축되어 있다.

- 사이버 공간은 지리적인 제약을 초월한 공간이다. 따라서 미국, 일본, 한국, 홍콩, 그리고 달 표면에까지 동시에 존재할 수 있는 공간이다.

- 사이버 공간은 키보드 활자판에서 화면으로, 화면에서 세계로 연결되는 가상세계이다. 그래서 어디에도 존재하는(everywhere) 동시에 어디에도 존재하지 않는(nowhere) 특성을 가지고 있다.

- 사이버 공간은 지적인 영토(mental geography) 위에 존재하며, 공조자(consensus) 뿐 아니라 반대자(revolution)에 의해서도 모두 발전한다.

- 사이버 공간은 전자회로와 지능을 연결시키는 통로가 된다.

- 사이버 공간이 존재하는 양식은 대단히 다양하다. 비디오 감지장치, 방대한 데이터베이스, 그림이나 문서 등등 모든 가능한 전자적 형태로 표현된다.

- 사이버 공간 속에서 모든 조직은 유기체가 된다. 대면적 관계(face-to-face)는 대화면(畵面)적 관계(face-to-electronic face)로

변화된다.

- 사이버 공간의 사회에서는 인간 생활에 의미가 있는 정보적 가치가 들어 있는 것들이 상품화되어 판매된다.

- 사이버 공간은 정보의 세계이다.(Novak, 1994: pp.21-27)

위와 같은 특징들은 다음 〈표 2-1〉에 제시되어 있는 물질 공간과 사이버 공간의 비교를 보면 더욱 분명해진다. 이 표는 물질 공간을 이동하는 대표적인 수단인 자동차와 사이버 공간에서 정보가 이동하는 것을 서로 대비시킨 흥미로운 자료다.

물질 공간에서는 부가가치를 창출하기 위해 자동차 등을 이용하여 다른 장소로 이동해야 한다. 그러나 사이버 공간에서는 필요한 정보가 있는 사이트로 접속해 가는 활동이 물질 이동 활동을 대체한다.

〈표 2-1〉 도로교통공간(물질 공간) 대 사이버 공간의 특성 비교

구 분	도로교통공간	사이버 공간
존재 목적	부가가치 창출	부가가치 창출
가치창출방법	의미 있는 다른 장소로 이동	필요한 정보가 있는 사이트에 접속
제약 조건	시간과 거리	시간
기반 시설	교통 네트워크 (도로, 신호체계)	통신 네트워크 (통신라인, 프로토콜)
주요 도구	자동차 등	컴퓨터
운영 도구	핸들 등	마우스 등
이동 표면	지표면, 도로	스크린

자료: 김도훈 외, 1997.

사이버 공간의 개념은 인터넷을 예로 들면 더욱 분명해진다. 가상현실이 사이버 공간을 이해하기 가장 쉬운 사례임에는 틀림없다. 그러나 표현 형식이 굳이 가상현실의 모습을 취하지 않더라도 전자화된 네트워크로 연결된 정보의 유통과 통제에 관한 것들은 모두 사이버 공간이다. 따라서 텍스트 중심의 인터넷 사용도 전자 사이버 공간의 엄연한 구성요소이다.

인터넷의 등장과 진화는 별도의 설명을 필요로 할 만큼 중요하기에, 여기서는 잠시 사이버 공간의 발달 과정을 개괄해 보고 나서 인터넷 중심의 사이버 공간을 설명하도록 한다.

(2) 사이버 공간의 발달 과정

제1단계

1669년 보일(Robert Boyle)이 하나의 과학실험을 실시했다. 그의 실험은 실제적인 물리적 실험이 아니라 오직 텍스트로만 표현된 실험이었는데, 관중들은 마치 진짜 실험결과를 목격한 것과 같은 가상목격(virtual witness)을 하게 된다. 보일의 텍스트로만 쓰여진 가상실험은 그 이후 과학 연구 논문의 전형이 되었다.

제2단계: 20세기 진입 이후

이 시기는 전기/전자적 가상사회가 등장하기 시작하는 초입이다. 특히 라디오 방송매체의 등장은 인간이 공간적 제약을 넘어가기 시작하는 획기적인 전기였다. 프랭클린 루즈벨트 대통령의 유명한 노변담화(fireside talk)가 가장 많이 인용되는 사례이다. 루즈벨트 대통령이 라디오에서 정견을 발표하면 수많은 방청자들은

그들이 마치 백악관의 응접실에 초대되어 대통령의 말을 듣는 것
이나 다름없게 느낄 수 있게 된 것이다. 라디오 이후에는 텔레비
전 방송 등이 가상사회를 형성하는 주요 도구가 되었다.

제3단계: BBS의 출현

1970년대 중반에 전자게시판 시스템(BBS)이 처음 등장하였다.
샌프란시스코의 프로그래머이자 미래 비전 연구가인 존 제임스
(John James)는 전자게시판의 사회적 가치에 관심을 기울여 동호
인 단체를 구성하였다. 이들의 영감과 기술력은 나중에 루카스의
영화 '스타워즈'에서 구현된다.

제4단계: 1984년 이후

이 시기에는 3차원 그래픽 표현이 활성화되었다. 사이버 공간이
라는 합성어에서 공간(space)이란 측면을 더 강조하여 관측헬멧
(see-through helmet), 동작표정 인식장치(walk-through), 그리고 가
상현실(virtual reality) 등의 도구가 개발되어 사이버 공간의 가시
화에 기여하고 있다.

제5단계: 인터넷의 등장

인터넷이 보편화되면서 많은 컴퓨터 네트워크들이 인터넷으로
통합되어 가고 있다. 따라서 앞으로 한동안 사이버 공간 하면 바
로 인터넷 공간이라 해도 과언이 아닐 것이다. 즉, 지금부터 한동
안은 World Wide Web Hypermedia network를 Cyberspace라고 보
면 그다지 틀리지 않는다(Heylighen, 1997). 물론 이런 등식은 잠
정적으로만 유효하다. 인터넷 자체도 진화하고 있고, 또 인터넷을
대체할 어떤 기술적 발전이 생겨날지 아무도 모르기 때문이다.

3. 인터넷의 등장과 확산

(1) 인터넷 小史

1970년대의 네트워크들은 서로 호환성도 없었고, 연결성도 없었다. 그리하여 회원이 아닌 자에게는 접근이 허용되지 않는 폐쇄적인 네트워크, 즉 폐쇄적이고 배타적인 특수 공동체로 머물렀다. 그러나 1980년대부터 본격화된 네트워크 간의 연결은 전자공동체의 범위를 대폭 확장하기에 이르렀다. 이런 발전에 핵심적인 역할을 한 것이 바로 인터넷의 개발이다.

인터넷은 IBM PC가 등장하기 13년 전인 1969년에 단 네 대의 컴퓨터를 연결한 미국 국방성의 아르파넷(ARPANET: Advanced Research Projects Agency Network)으로부터 시작하였다. 아르파넷은 군사전문기관과 국방성 간의 안전한 통신을 위해 실험적으로 진행된 프로젝트였다. 아르파넷의 목적 중 하나는 군사 목적의 분산 컴퓨팅 시스템에 관한 연구였다. 즉, 어느 한 지역의 전산 시스템이 폭격을 당해 파괴되더라도 통신이 가능한 네트워크를 연결시켜 안전한 통신을 하자는 연구였다. 이 연구의 결과 TCP/IP라는 프로토콜이 생겼고, 이것을 통해 한 컴퓨터에서 다른 컴퓨터로 연결이 되었다. 1970년대에 접어들면서 점점 사용자가 늘어나고, 접속을 원하는 컴퓨터 기종이 다양해지자, 1983년에는 아르파넷을 연구용인 ARPANET과 군사용인 MILNET으로 분리하였다.

1986년에는 미국과학재단이 5대의 수퍼 컴퓨터를 연결하기 위해 NSFNET을 구축하였는데, 1990년에 아르파넷이 공식 해체되자, 그 주된 기능은 NSFNET으로 이관되었다. 1991년에 NSFNET이

45Mbps(T3급) 속도로 향상되어 오늘날과 같은 인터넷으로 발전하였다(창원대학교 DBLab, 1997).

인터넷의 사용을 폭발적으로 증가시킨 것은 WWW(World Wide Web)의 개발이었다. 그 동안 전문가들만 사용할 수 있었던 복잡한 유닉스 명령어를 간단한 마우스 누름만으로 처리할 수 있도록 한 WWW는 다양하고도 광범위한 문서들로의 편리한 접근을 가능케 한 분산 하이퍼미디어 정보검색 시스템이다(하원규 외, 1997: pp.15-16).

1989년 3월에 CERN(유럽입자물리학연구소; European Particle Physics Laboratory)의 팀 버너스 리(Tim Berners Lee)에 의해 개발된 WWW는 다음과 같이 중요한 의의를 가지고 있다: ① 문자자료 처리 위주였던 데이터 통신을 멀티미디어 통신 네트워크로 바꾸었고, ② 디지털화된 것이라면 어떠한 정보라도 생산, 전송, 검색, 다운로드하게 함으로써 인터넷의 상업적 이용을 촉진했으며, ③ 신문이나 방송이 인터넷으로 진입하게 함으로써 미디어 혁명(전자신문, 양방향 TV, 웹 TV, 웹 메거진)을 촉발하였다. 그리고 ④ 인터넷의 사용이 전문가들의 전유물에서 어린 학생들까지도 자유자재로 메일을 보내고, 정보를 검색할 수 있게끔 쉬워져서 네티즌의 폭발적 증가를 가져오게 하였다.

국내에서는 1982년 한국과학기술원에서 TCP/IP를 사용하여 System Development Network를 시작함으로써 처음으로 인터넷이 가능하게 되었다. 1983년 데이콤연구소에서 미국과 네트워크를 연결하였으며, 1985년에는 한국전자통신연구소에서 유럽과 연결하였다. 그 후 1987년부터 교육망(서울대학교)과 연구망(시스템공학연구소)을 통한 교육연구망 프로그램이 시작되었고, 1990년 HANA/SDN이 전용선으로 인터넷으로 연결되면서 인터넷 사용이 본격화되었다. 1994년에는 한국통신 및 데이콤에서 상용 인터넷 서비스를 시작했다. 인터넷 상용서비스를 제공하는 업체는 1993년의 3개에서 1996년의 16개로 증가하였으며(하원규 외, 1997: pp.19-20), 이 수치는 계속 증가 일로에 있다.

〈표 2-1〉 인터넷의 발달 과정

발전 단계	연도	발전 내용
실험 운영 단계	1969	ARPANET 탄생
	1981	BITNET 탄생
사업적 이용 단계	1986	NSFNET 탄생
	1989	WWW의 개발
	1990	ARPANET의 해체
	1991	NSFNET의 T3 지원
국제화/상업화 단계	1992	Internet Society 결성
	1995	Internet 가입자 5,000만 명 넘어섬

자료: 하원규 외, 1997: p.18.

(2) 인터넷 이용의 확산

정보통신 네트워크의 확산을 더 화려한 수식어로 표현하면 사이버 공간의 확대이다. 그리고 이를 구체적으로 측정 가능한 지표로 나타낸다면, 인터넷을 통한 세계 통신의 트래픽 용량의 확대로 표현된다.

AT&T의 발표에 의하면, 1998년에 전세계의 인터넷 통신 트래픽은 100 테라바이트(1테라는 10의 12승)이었으나, 2000년에는 200테라바이트로 2배가 되었고, 2003년에는 2000년의 무려 8배가 넘는 1,600테라바이트로 급증한다고 한다. (그림 2-1 참조)

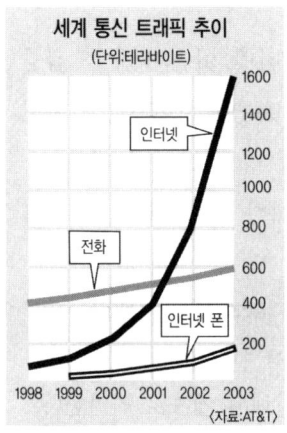

〈그림 2-1〉 세계 통신 트래픽 추이(조선일보, 1999/12/4)

　인터넷 처리 용량의 기하급수적 팽창은 이용자 수의 기하급수적 증가와 무관하지 않다. 일례로, 한국전산원은 1997년에 당시 국내 인터넷 이용자 수가 120만 명이며, 2000년에는 그 수가 420만 명으로 급증할 것으로 예측하였다. 하지만 2000년 4월에 한국인터넷정보센터에서 측정하여 발표한 국내 인터넷 이용자 수는 이미 1,393만 명에 달하며, 현재도 이용자가 한 달에 90만 명씩 증가하고 있다. 예측을 초과하는 급팽창이 이루어지고 있다.

구 분	1994	1995	1996	1997	2000
전세계	22	46	95	129	200
한 국	0.1	0.4	0.7	1.3	4.2

자료: 한국전산원(1997.7) 단위: 백만명

전세계적으로도 인터넷 이용자 수는 급증한다. 위의 〈표 2-3〉에 나타나 있듯이 1994년에 2,200만 명이던 세계 인터넷 이용자 수가 2000년에는 2억 명으로 10배 가까이 증가한다.

인터넷의 미래에 대한 네그로폰테 교수의 말을 들어보자.

인터넷 혁명은 이제 겨우 씨앗을 뿌린 시작 단계에 불과하다. 1999년 한 해 동안 언론에서 인터넷에 대한 보도가 집중되어 사람들은 인터넷 혁명이 절반쯤 진행된 것으로 착각한다...... 하지만 시작에 불과하다. 아시아와 아프리카 개발도상국들이 얼마나 빨리 인터넷에 연결되고 있는가? 1999년말 현재 인터넷 인구는 약 2억 명(전세계 인구의 5% 미만)이지만, 2000년 말까지 전세계 인구의 20%(약 12억 명)가 인터넷을 이용할 것이다.

(동아일보. 2000.1.1)

인터넷 이용자들을 세계 권역별로 세분하면, 1996년 말 현재 총 1억 명의 사용자 가운데 북미주(미국과 캐나다) 사용자 수가 5천 8백만 명으로 절반 이상을 차지하고, 유럽이 2천 3백만 명, 아시아/태평양지역(오세아니아 포함)이 1천 5백만 명이다. 그러나 남미주(2백만 명), 아프리카(1백만 명), 그리고 중동아시아(50만 명)

에는 사용자가 아직 많지 않은 편이다.(〈표 2-4〉 참조)

〈표 2-4〉 인터넷 사용자의 세계적 분포

구 분	이용자수(백만 명)
북미주(미국,캐나다)	58
유럽	23
아시아태평양	15
남미주	2
아프리카	1
중동아시아	0.5
계	100.5

자료: http://www.commercenet.com

특히 아시아의 사용자 수는 급격히 늘어날 전망이다. 아시아 인터넷 이용자는 통신기반시설의 지속적인 확충에 힘입어 2001년까지 유럽(3천만 명)보다 많은 3천7백만 명에 달할 것으로 보인다.

중국의 경우 1996년 말 현재 인터넷 사용자수는 62만 명에 불과하나, 그 후 4년 후인 2000년까지 사용자 수가 2백만 명으로, 그리고 한 해 뒤인 2001년에는 사용자 수가 7백만 명으로 급격히 증가할 전망이다(http://www.commerce.net). 일본의 경우, 인터넷 호스트 수에서는 이미 세계 2위를 기록하고 있다. 그리고 싱가포르와 말레이시아의 이용자 증가추세도 괄목하다. 싱가포르의 이용자 수는 1996년의 25만 명에서 2001년에 150만 명으로 증가하고, 말레이시아도 같은 기간 중 25만 명의 사용자가 220만 명으로 증가할 예상이다.

인터넷 이용자 수뿐만 아니라 사용량도 기하급수적으로 증가하고 있다. 최근 미국 상무부의 보고서에 의하면 "현재 인터넷 교통량은 100일 단위로 100%씩 성장하고 있으며, 인터넷을 통한 상업거래가 2002년까지 연간 3,000억 달러를 넘어설 것으로 전망된다"고 한다. 그리고 미국에서 5천만 청취자(시청자) 확보에 라디오가 38년, TV가 13년 걸렸으나 인터넷은 단 4년 만에 이를 달성했고, 1994년 말 3백만 명에 불과했던 인터넷 이용자는 1997년 말 현재 1억 명으로 증가했다.(U.S. Department of Commerce, 1998.4.15)

인터넷 서비스 중 하나인 전자우편만 보아도 전세계의 6천만 명이 전자우편을 사용하고 있고, 이들이 전송한 편지는 모두 3조5천억 통이다. 2000년에 가서는 현재보다 2배 가량 증가한 1억8백만 명 이용에 7조 통의 편지유통량을 기록하게 될 전망이다.(하원규 외, 1997: p.30)

4. 기술 발전과 인터넷의 미래

산업 사회가 지나가고 정보화 사회가 도래하고 있다는 것은 돌이킬 수 없는 시대의 조류이다. 인터넷은 이런 정보화를 촉진하는 중요한 계기로 평가받고 있다. 그러나 현재의 인터넷은 약 한 세대(30년) 후의 관점에서 본다면 원시적(primitive)이지 않을 수 없을 것이다.

앞으로 크게 향상될 통신능력은 크게 ① 유선망과 ② 무선망의 발달, 그리고 ③ 이들 양자 간의 융합(convergence)으로 집약된다.

(1) 유선통신 네트워크의 발달: Internet 2

유선통신 네트워크의 발달은 한 마디로 광케이블을 중심으로
한 기반시설의 확충과 함께 진행된다. 미국과 유럽을 잇는 광케이
블, 중국-한국-일본-미국을 연결하는 태평양 광케이블, 미얀마-베
트남-브루나이를 연결하는 인도양 광케이블이 속속 완공되어 가
고 있다. 그리고 각 국가 내에서도 광케이블의 확충이 21세기 초
반의 핵심적 과제가 될 것이다. 한국에서도 2015년까지 완성하기
로 계획했던 초고속정보통신망 구축을 5년 앞당겨 2010년까지 완
료할 예정이다.

이러한 기반 시설의 확충 결과, 일반인들이 평균적으로 사용할
수 있는 전송속도가 Kbps에서 Mbps로, 그리고 다시 Gbps로 증가
하게 된다. 그 결과 통신 속도의 현저한 향상 뿐 아니라 영상 및
음향 전달 속도도 급속히 증가하게 되어, 물질 세계와 사이버 세
계 간의 괴리감이 더욱 더 좁아지게 된다.

1990년대 중반부터는 벌써 Internet2(I-2)를 구축해야 한다는 요
구가 높아져 가고 있다. 미국과 같은 정보화 선진국에서는 기존의
WWW(World Wide Web)을 전세계적 느림보(World Wide Wate)
라고 비판하면서 미국내 각 도시들을 연결하는 광통신망의 확충
에 노력하고 있다. 미국은 지금의 인터넷보다 데이터 전송 속도가
최대 10만 배나 빠른 차세대 초스피드망의 구축에 나섰다. 아시아
에서도 한국, 일본, 싱가포르가 주축이 되어 45Mbps급의 아시아
태평양 차세대망(Asia Pacific Advanced Network)을 구상하고 있다.

인터넷2의 전송속도는 2.4Gbps로 현재의 ADSL(최대 10Mbps

정도, 보통 1Mbps 내외) 속도보다 월등히 빨라질 것이다. 이 정도의 전송속도 하에서는 원격 화상 강의, 원격 진료, 대형 물리실험, 무인 오피스, 가상 세일즈맨, 사무 로보트의 운영이 모두 가능하다. 현재는 꿈 같은 일들이 21세기에서 속속 현실로 드러나게 될 것이다.

'인터넷2'는 미국에서 지금 대학 주도로 개발되고 있는 미래형 인터넷 프로젝트인데 반하여, 미국 연방 정부는 이와 별도로 '차세대 인터넷'(Next Generation Internet: NGI)을 준비하고 있다.

(2) 무선통신 네트워크의 발달

21세기에 유선통신망의 발달보다 더 눈부시게 발전할 영역은 바로 무선 네트워크의 발전이다. 무선통신 전문가들은 향후 20년 간 위성 통신 시스템이 우리들의 생활을 결정적으로 바꿔 놓게 될 것이라고 한다(Pelton, 1998: pp.80-85).

가상현실에 기초한 대중 오락과 원격 교육은 이미 출발 초기에 있다. 그리고 지상 3만6천 Km 상공에 현재 220개의 상업통신용 정지궤도위성(GEO, Geostationary Mobile Satellite)이 있으나, 앞으로 5년 이내에 이 숫자가 1,000개로 증가할 예정이다. 그뿐 아니라 정지궤도위성보다 20배나 많은 저궤도위성(LEO, Low-Earth-Orbit Satellite)이 출현하게 되며, 도시 상공에는 위성과 사용자 간의 초고속 중계 역할을 맡을 HALE(High Altitude Long Endurance) 기구들이 떠다니게 될 것이다.(〈표 2-5〉 참조)

현재의 위성통신 시스템은 위성 → 통신거점센터 → 소비자로 연

GEO : 정지궤도위성

지상 4만 Km 상공에 떠 있는 위성으로 수천 Km 떨어져 있는 이동전화사용자를 연결해 준다. 그러나 연결 거리가 길기 때문에 데이터 전송에 약 1/4초 정도 지연이 생긴다.

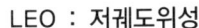

LEO : 저궤도위성

지상에 수백 Km 이내에서 무선전화사용자들을 연결해 준다. 데이터 전송에 지연은 없지만 많은 수의 LEO가 필요하다.

HALE : 고도 장기체류정류장

지상 2만 Km 상공에 비행기 모양의 안테나 정류장을 띄운다. 약 5백 Km 이내의 무선통신 이용자들을 연결한다. 대략 한 도시에 한두 개 정도씩 띄운다.

Celluar towers
무선통신중계탑

결되고 있지만, 앞으로는 위성→소비자로 직접 연결되는 네트워크가 가능해진다. 이럴 경우, 아직 유선통신망도 완비되어 있지 않은 인구 대국들, 즉 중국, 인도, 브라질 등이 정보화 사회로 급속하게 진입되면서 전세계적 통신 네트워크가 구축되게 된다.

향후 가장 촉망받게 될 통신서비스는 바로 직접방송위성(DBS, direct broadcasting satellite) 기술이다. 정지궤도위성인 DBS는 전세계의 2천만 시청자에게 동시에 시그널을 보낼 수 있을 정도이다. 그리고 현재의 위성통신기술로도 전화 1분당 비용을 0.1센트로 낮출 수 있어서 전화 또는 통신 이용 요금을 제로(0)로 끌어내릴 수 있는 날이 머지 않았다. 그렇게 되면 비용효과와 기술효과 모두에 의해서 정보화 사회는 더욱 더 급속히 촉진될 수밖에 없을 것이다.

⟨표 2-5⟩ 무선통신기술의 발전

연대	주요 통신개발
1930년대	단파 라디오
1950년대	흑백 TV
1960년대	실험적 통신위성
	쌍방향 이동 라디오
1970년대	FM 라디오
	칼라 TV
	초단파 안테나
	워키토키
	리모트 콘트롤러(리모콘)
	해양-위성간 연계
1980년대	현대적 단파 라디오
	셀룰러 폰
	로컬 페이저(무선호출기)
	군사용 위성(Star Wars)

1990년대	무선 LAN
	DBS(직접방송위성)
	PCS(개인통신시스템)
	정지궤도 통신위성(GEO)
2000년대	저궤도위성(LEO)
	광대역위성(broadband satellite systems)
	광선위성통신(satellite communicate with light beams)

자료: Pelton, 1998: pp.80~81.

(3) 유무선통신 네트워크의 융합

유선통신기술과 무선통신기술은 서로 경쟁적으로 발전하는 한편, 이 둘 간의 혼재(mix) 양상을 보일 것이다. 통신전문가들은 다음 세기 초에는 동축케이블, 광섬유, 지상무선, 위성무선 등 모든 형태의 통신매체가 동원되어 음성(voice)통신을 멀티미디어나 화상통신을 하는 데 사용될 것으로 전망한다(Pelton, 1998: p.82). 그리고 이들 간의 호환기술(interconnection)이 발달하게 될 것은 물론 무선통신과 유선통신 간의 융합(convergence)도 이루어질 것으로 전망된다.

융합이란 쉽게 말해 유선통신의 대명사인 PC통신과 무선 커뮤니케이션의 대명사인 방송이 융합하는 것으로 이해하면 쉽다. 그러나 이런 융합은 단순히 TV 방송을 PC 모니터에서 볼 수 있다는 정도에 그치는 것이 아니다. 오히려 현재의 TV 방송을 시청자들이 현재의 PC를 통해 작업하듯 하는 양상으로 진행될 것이다. 즉, 데이터 통신기술의 발달로 말미암아 쌍방향 위성 TV를 통해 다수對다수(many to many) 커뮤니케이션을 실현하는 방향으로 진행될 것이다.

유선 정보통신과 무선 정보통신의 융합의 결과를 단적으로 표현하면, 모든 사람이 각자의 방송국을 차릴 수 있는 상태가 온다는 말로 집약될 수 있다. 즉, 현재의 일對다수(one to many) 방식의 방송은 프로그램 제작 비용의 거대화와 일방향적 의사소통밖에 못 한다는 단점이 있으나, 이 두 가지 제약 요소 모두 정보화에 따라 해소될 수 있으므로 미래에는 거의 무한대에 이르는 소규모 방송정보통신체계를 구성하게 될 것이다. 참고로 다음 〈표 2-6〉는 현재의 방송과 미래의 방송 간의 차이점을 비교 평가한 것이다.

〈표 2-6〉 현재와 미래 방송 간의 차이점

구분	현재의 방송	미래의 방송
통제자	방송국	시청자
방송시간	정해진 편성시간	아무 때나 수시로
재원조달	광고회사	시청자
광고	이미지 중심	내용(content) 중심
프로그램 성격	드라마틱	정보전달 중심
제작비용	고비용	저렴화
산업성격	대중매체	분자화된 매체
사업성격	안정적 수입	유동적
성공요인	견실한 관리	비전 있는 리더십

자료: Tapscott, 1996. p.231.

이러한 기술 발전에 힘입어, 앞으로 2019년에 이르러서는 전세계 고용노동자(employed workers)의 약 80%가 재택 근무(home

office)를 하게 된다는 예측도 있다(Futurist, 1997.10). 이런 변화에
따라 다음 절에서 설명하는 바와 같은 정보화 사회를 가능하게 해
준다.

5. 정보화 사회의 모습

뉴스위크지는 2000년 신년호에서, 각 부문에서 조사된 연구 결
과에 기초하여 미래 사회(대체로 2025년)를 다음과 같이 예측하고
있다.

"전세계적으로 볼 때, 인구는 현재의 60억 명에서 85억 명으로 증
가하며, 평균 수명은 65세에서 73세로 늘어난다. 그러나 빈곤 인구는
24억 명에서 33억 명으로 증가하게 되고, 65세 이상의 노인 인구층도
현재의 6%에서 10%가 된다. 그리고 여성의 역할이 더 중요해져서,
이들이 현재 벌어들이고 있는 소득이 현재는 전체 소득의 10%에 불
과하나 2025년에는 그 비중이 20%로 증가하게 된다.
　전세계적으로, 컴퓨터 1대당 인구수는 현재의 39명에서 10명으로
줄어들게 되고, 산업로보트의 숫자는 1천4백만 대에서 2천5백만 대로
늘어난다."

(Newsweek, p.30: 2000.1.1)

이상은 전세계에 관한 예측이고, 정보화가 앞서 있는 미국의 경
우는 다음과 같이 예측된다.

"미국인들은 따뜻한 캘리포니아로 대거 이주해 갈 것이고, 온라인 쇼핑을 즐기겠지만, 부채는 더욱 늘어날 것이다. 국내총생산(GDP)은 1997년의 10조 달러에서 2010년의 15조 달러, 그리고 2050년에는 70조 달러로 증가할 것으로 보인다. 재택 근무자(Teleworkers)의 숫자는 1999년의 2천1백만 명에서 2004년의 3천만 명으로 증가할 것이며, 노인 인구의 비율은 현재의 16%로부터 2050년의 25%로 계속 증가할 것이다."

(Newsweek, p.34: 2000.1.1)

직업 구성 역시 상당히 달라진다. 정보화가 진행될수록 정보통신이나 하이테크 분야의 인력 증가보다는 여가 생활과 관광 부문에 종사하는 사람들의 비중이 급속히 증가하리라고 예견된다.

이상은 미래 사회를 단순한 숫자 통계치로 예측한 사례이다. 따라서 미래 사회의 질적인 변화는 충분히 반영하지 못하고 있다.

과연 미래 정보사회의 모습은 어떠할 것인가? 통찰력이 충만한 많은 석학들이 미래 사회의 구상을 발표하고 있다. 그러나 아직 전문가들 사이에 특별히 합의된 미래 모습은 없고, 저마다 독특한 예견을 제시하고 있는 상황이다.

여기서는 MIT의 미첼 교수가 그리고 있는 미래 도시, 『비트의 도시』(City of Bits)의 내용을 다음과 같이 나열해 보기로 한다.(Michell, 1995)

공간으로부터 탈공간으로	(Spatial/Antispatial)
유형에서 무형으로	(Corporeal/Incorporeal)
집중에서 분산으로	(Focused/Fragmented)

동시성으로부터 비동시성으로   (Synchronous/Asynchronous)
협대역으로부터 광대역으로   (Narrowband/Broadband)

방관으로부터 참여로   (Voyeurism/Engagement)
옆집 사람으로부터 접속공동체로 (Contiguous/Connected)
건물로부터 연결로   (Facade/Interface)
책방은 비트방으로   (Bookstores/Bitstores)
도서관 서가는 컴퓨터 서버로   (Stacks/Servers)

화랑은 가상 박물관으로   (Galleries/Virtual Museums)
극장은 오락기반시설로   (Theaters/Entertainment Infrastructure)
학교는 가상 캠퍼스로   (Schoolhouses/Virtual Campuses)
병원은 원거리 진료로   (Hospitals/Telemedicine)
교도소는 전자 감시로   (Prisons/Electronic Supervision)

은행은 자동입출금기로   (Banking Chambers/ATMs)
주식거래소는 전자거래   (Trading Floors/Electronic Trading System)
시스템으로
백화점은 전자 쇼핑몰로   (Department Stores/Electronic Shopping Malls)
워크(일)는 네트워크로   (Work/Net-work)
집 주소는 전자주소로   (at Home/@Home)

부동산은 사이버 공간으로   (Real Estate/Cyberspace)
서부 개척시대에서 전자 첨단   (Wild West/Electronic Frontier)
개척시대로
법률은 코드로   (Human Laws/Code Conditionals)
대면적 관계는 상호호환관계로 (Face-to-face/Interface)
현장으로부터 온라인으로   (On the Spot/On the Net)

도로망으로부터   (Street Networks/WWW)
월드와이드웹으로
이웃사람들은 MUD로   (Neighbors/MUDs)
담장 쌓기는 암호화로   (Enclosure/Encryption)
공공장소로부터 공공접속으로   (Public Space/Public Access)
공동체 관습에서 네트워크   (Community Customs/Network Norms)
규범으로

지리지도에서 넷 지도로	(Nolli and Net)
전통경제학에서 디지털 경제학으로	(Economics 101/ Economics 0 and 1)
손에 잡히는 재산으로부터 지적인 재산으로	(Tangible Goods/Intellectual Property)
유통(流通)에서 디지털 전송으로	(Moving Material/Processing Bits)
실물거래는 전자상거래로	(Physical Transaction/Electronic Exchange)
은행 수표는 전자 화폐로	(Bank Notes/Electronic Cash)
표밭 정치로부터 인터넷 여론 정치로	(Electoral Politics/Electronic Polls)

6. 정보화 사회에 대한 비관적 관점

앞에서 설명한 논의들은 기술 발전이 인간의 생활을 도와줄 것이라는 관점을 암암리에 설정하고 있다. 그러나 기술이 반드시 유토피아(utopia)를 가져다주지는 않는다. 오히려 잘못 쓰면 해악이 되고, 유토피아가 아니라 디스토피아(dystopia)를 가져올 수도 있다.

사실 이런 유의점 역시 누구나 다 아는 사실이다. 신기술 경계론이 제기될 때마다 '그런 것은 새로울 것이 없다'고 여기면서, 그런 위험은 나중에 생각해도 된다는 태도를 취하게 된다. 그런데 우리가 신기술의 위험을 제대로 인식하고 나서도 이런 무시하는 태도를 취할 수 있을까?

현재 과학기술의 첨단 분야에서 활약하고 있는 조이(Bill Joy; Sun Microsystems의 공동설립자이며, UNIX, SPARC, Java, Jini 등의 공동개발자)의 경고를 들어보도록 하자. 그는 인간은 자칫 잘

못하면 신기술 때문에 2030년 경에 지구상에서 멸종될지도 모른 다고 경고하고 있다. 그의 최근의 글 「미래는 인간을 필요로 하지 않는다」(Joy, Why the future doesn't need us, wired, 2000.4.)를 중 심으로 신기술 비관론도 경청해 보도록 하자.

조이가 말하는 신기술은 GNR로 요약된다. 즉, 유전공학(genetic engineering), 나노테크놀로지(nanotechnology), 로보틱스(robotics)가 그것이다. 이 세 가지 신기술은 모두 자기복제(self-replication)의 능력을 갖고 있기 때문에, 적절히 통제되지 않으면 기술(기계)이 인간 위에 군림하는 상황을 초래한다고 한다.

나노테크놀로지의 발전부터 살펴보자.

미래 사회의 필수 불가결한 소재는 역시 반도체이다. 그런데 이 반도체의 발전 속도가 지난 수십 년 간 무어(Moore)의 법칙에 따 라 기하급수적으로 발전해왔음은 주지의 사실이다. 조이는 현재 상태대로라면 무어의 법칙은 2010년 정도까지만 적용이 되고 반 도체의 발전은 더 이상 이루어지기 어렵다고 한다. 그렇지만 최근 에 급속도로 발전하기 시작한 분자전자학(molecular electronics)에 힘입어, 현재의 감광 방식 트랜지스터(lithographically drawn transister)가 개별 원자 또는 분자 단위의 반도체 기술(nano-technology)로 발전하게 되면 무어의 법칙은 계속 적용될 수 있게 된다. 즉, 2030년 경에는 현재의 PC보다 백만 배 가량 더 성능 좋 은 기계가 만들어진다. 그렇게 되면 지능 있는 기계(intelligent machine)가 가능하게 된다.

첨단 컴퓨터 소프트웨어를 개발해 온 조이는 "최근까지 자기가 지능 있는 기계를 만드는 작업을 하고 있다고 생각해 본 적이 없다"고 할 정도로 지능 있는 기계가 현 단계로서 불가능하다고 여겨왔다. 하지만 나노테크놀로지의 발전 속도를 고려할 때 "향후 30년이면 자신이 지능 있는 기계를 만들어 낼 수 있을 것"으로 예상하고 있다. 그런데 조이는 지능 있는 기계가 인간을 대체해 버릴까봐 밤잠을 설칠 때가 많다고 한다.

컴퓨터 과학자들은 인간의 능력보다 뛰어난 지능형 기계를 만들어 나가는 데 조금씩 조금씩 성공해 가고 있다. 지능형 컴퓨터는 로보틱스 또는 유전공학과 연결되어 궁극적으로 자기를 복제하는 능력을 갖추게 된다. 그렇게 되면 다음의 두 가지 중 한 가지 상황으로 귀결될 것으로 예견된다.

첫째로 가능한 시나리오는 기계가 인간의 도움 없이, 인간보다 더 뛰어난 의사결정을 하게 되는 것이다. 이렇게 되면 인류의 운명은 기계의 처분에 맡겨진다. 물론 인간이 자발적으로 자신의 권력을 기계에 넘겨주지는 않을 것이다. 또 기계가 그런 권력을 인간으로부터 빼앗아 가지도 않을 것이다. 그 대신, 인간이 기계에 의존하는 정도가 점차 커지다가 궁극적으로 기계가 지배하는 세상이 되어 버린다는 것이다. 만약 기계가 여러분의 복지(건강, 삶의 질, 여가)를 계속 향상시켜 준다면 여러분은 그 기계를 거부할 수 있는가? 만약 기계가 여러분이 200살이 되어서도 건강하게 활동할 수 있게 한다면, 그 기계를 거부할 수 있겠는가?[1]

---

1) 헐리웃 영화 "바이센테니얼맨"(Bicentennial Man)에서는 여주인공이 실제 인간인 약혼자를 뿌리치고 인조인간 앤드류와 사랑하고 결혼하는 이야기가 나온다. 이 영화에는 로봇의 능력이 시간에 지남에 따라 향상되어 감은 물론, 자기 스스로 진화해나가고, 인간으로부터 독립하여 자유를 얻는 상황을 가상하고 있다. 그리고 나노 기술의 발전에 따라 인공장기가 이식되어 장수하는 사람들

두 번째로 가능한 시나리오는 인간이 계속 기계를 지배하고 있는 상황이다. 그러나 대다수의 인간은 자동차, 가전제품 등과 같은 기계에 대해서만 통제력을 갖고, 사회 전체의 시스템을 움직이는 통제력은 소수의 엘리트 손에 남게 된다.

향상된 테크놀로지에 힘입어 소수의 엘리트는 대중에 대한 통제력을 대폭 확장한다. 인간의 노동은 더 이상 필요하지 않기 때문에, 엘리트들은 대중을 시스템에 불필요한 부담을 주는 존재로 생각할 수도 있다. 그래서 다음과 같은 상황이 벌어진다.

① 소수 엘리트가 잔혹하다면, 시스템에 부담만 주는 인류를 멸종시켜 버린다.

② 만약 그들이 좀더 인간적이라면, 심리적 선전 등을 이용하여 인류가 스스로 출생률을 낮추도록 유도하여 장기간에 걸쳐서 인류를 멸종시킨다.

③ 엘리트들이 아주 유연한 자유주의자들이라면, 그들 스스로 인류에 대한 선한 목자(good sheperds)로 역할하는 것을 즐길 것이다. 이런 사회에서 인간은 행복할 것이다. 하지만 자유는 없다.

조이의 신기술 문명에 대한 결론은 위와 같은 불행한 결과가 초래되는 것을 확실히 막을 방법이 없다는 데 모아진다. 20세기의

도 나온다. 여기서 인간의 행복 중 상당 부분이 로봇과 연결되어 있다. 이 영화는 영화적 목적에 의해서 사람들이 로봇으로부터 위험을 느끼지 않도록 이야기를 전개한다. 하지만 만약 로봇이 인간을 지배할 의지를 갖게 된다면 어떻게 될 것인가? 아마 인간이 막을 방법이 없지 않을까 생각된다. 줄 베르느 이후 '상상이 가능하면, 그대로 실현되는 것'이 현대의 기술 발전이었다.

대재앙인 원자폭탄과 같은 것은 정부의 실험실과 시설에서 만들어지고 또 대규모 정보와 인력을 필요로 했기에 군비확장 경쟁 속에서도 그 부작용을 막는 방패들(shields)을 찾을 수 있었다. 하지만 미래의 나노테크놀로지, 유전공학, 로보틱스 등은 사설 실험실에서 은밀하게 자기 복제되기 시작하여 순식간에 전세계로 퍼져나가기 때문에 이들을 통제할 방패를 찾기 어렵다고 본다. 유전공학이 잘못 사용되어 21세기에는 백사병(白死病, White Plague)이 창궐할 수 있고, 로보틱스의 발전으로 앞에서 언급한 바와 같이 자기복제에 성공한 지능기계에 인간의 운명이 좌우될 수 있다.

공상과학 소설가가 이런 우려를 기술하였다면, 우리는 이것을 심심풀이용 생각 거리 정도로 치부할 수 있다. 하지만 현존하는 최고의 테크놀로지스트이자, 인류의 멸종을 초래할지도 모르는 기술을 개발해 낼 수 있는 빌 조이 자신의 신기술 경고론은 자못 새삼스럽다. 19세기에 다이너마이트를 개발한 노벨의 경우를 연상하게도 된다.

다이슨(George Dyson)은 『기계진화론』(Darwin among Machines)이라는 책에서 다음과 같이 경고하고 있다.

"적자생존은 생명과 진화의 법칙이다. 그런데 지금 자연, 인간, 기계가 한 테이블에 앉아서 진화(evolution) 게임을 하고 있다고 가상해 보자. 자연은 누구의 편일까? 나는 자연이 기계의 편이라고 확신한다."

(Joy, 2000에서 재인용)

조립 프로그램을 가지고 분자, 재료, 더 나아가서는 사물을 재구성하기 위해 원자를 하나 하나씩 조립하는 것을 가능하게 하는 물리학과 컴퓨터공학의 만남.

가장 낙관적인 예측에 따르면 2020년 경에 나노기술의 첫걸음이 시범단계에 들어선다고 한다.

제일 먼저 만들 나노 제품은 인공 나노엔진일 것이다. 그 후에는 혈중 수치를 측정하기 위해 체내에 삽입하는 초미세 센서인 나노관과 나노 컴퓨터가 선보일 것이다. 시간이 더 흐르면 스스로 복제가 가능한 자동복제기도 나올 것이다.

이런 발명품이 가져올 경제, 사회, 정치적인 변화는 상상을 뛰어 넘는다. 모든 재료와 사물은 나노기술로 인해 단순하고 근거 없는 분자와 정보의 집합체에 지나지 않게 될 것이다. 무생물을 복제하는 나노기술은 마침내 살아 있는 생명의 복제 기술과 하나가 될 것이다.(아탈리, 21세기 사전)

집적회로(IC)의 개발자이자 당시 인텔사의 사장이던 고든 무어(Gordon Moore)는 1965년에 '트랜지스터를 장착할 표면 면적은 매 12개월마다 50%씩 줄어들 것'이라고 하였다. 그는 1975년에 이를 약간 수정하여, 표면 면적의 반감기는 24개월이라고 하였다. 현재까지 그의 주장은 잘 들어맞는 것으로 판명되고 있다. 즉, 기술 발전이 기하급수적으로 진행된다는 의미이다.(Kurzweil, 1999)

이러한 무어의 법칙이 계속 유지된다면, 보통의 PC는 2000년에 잠자리 한 마리의 두뇌 정도의 능력을 갖추게 된다. 2010년에는 그 기능이 더욱 향상되어서 생쥐 한 마리의 두뇌가 처리할 수 있는 능력을 갖게 된다. 2030년 경에는 보통 PC 한 대의 처리 능력이 한 사람의 두뇌가 처리하는 계산 능력을 갖게 되며, 2060년 경에는 인류 전체의 두뇌를 합한 처리 능력에 도달하게 된다.

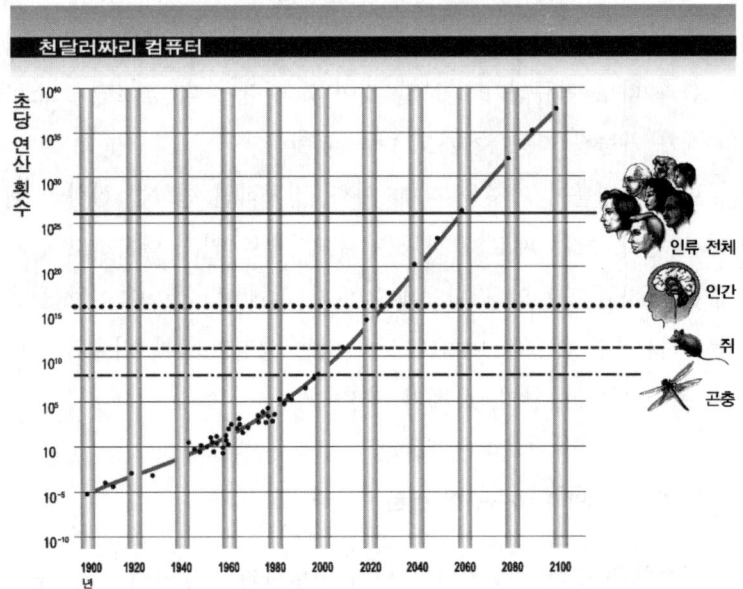

〈그림2-2〉 보통 PC의 계산능력의 기하급수적 향상: 1900년부터 2100년까지

자료: Kurzweil, p.104: 1999.

부록 2-1 미래 사회에 대한 예측

IBM 회사의 첨단연구소는 왓슨(Watson) 연구소를 운영하고 있다. 왓슨씨는 초창기 IBM의 회장으로서 컴퓨터의 개발에도 관계하고 있었다. 그가 1943년에 한 유명한 말이 있다.

"컴퓨터라는 기계에 대한 전세계 시장규모는 5대 정도라고 생각한다."(I think there is a world market for maybe five computers.)

이 인용구는 기술 발전의 미래에 대한 예측이 허무함을 표시할 때 종종 사용되곤 한다. 사실 미래에 대한 많은 예측들에 대하여, '예측이 만들어진 시점부터 틀리기 시작한다'는 혹평이 따라 다닌다.

그러나 본 저서의 주제와 관련하여, 막연하나마 미래에 대한 청사진과 시간표가 필요하다는 지적이 있어, 커즈와일(Ray Kurzweil)의 예측을 인용하고자 한다. 커즈와일은 앞에서 예로 든 조이의 아이디어 형성에 많은 영향을 준 사람이다.

미래 시간표(Time Line)

2009   천 달러짜리 개인용 컴퓨터가 1조cps의 성능을 보인다.
고해상도 디스플레이를 갖춘 개인용 컴퓨터가 옷이나 장신구에 들어가는 작은 크기부터 얇은 책 크기까지 여러 크기로 나온다.
케이블이 사라지고 있으며, 근거리 무선통신이 주로 사용된다. 고속 무선통신으로 웹에 접근할 수 있다.

대부분의 문서는 음성 인식 장치를 사용하여 만들어진다. 그리고 자연어 사용 인터페이스가 일반화된다.

쇼핑, 여행, 예약과 같은 대부분의 일상적 업무 거래는 사람과 가상 인간 사이에 이루어진다. 가상 인간은 보통 사람의 얼굴을 닮은 겉모습을 하고 있다.

전통적인 학습 방법이 아직 일반적이지만, 지능적 학습 교재가 나타나고 있다.

시각 장애인용의 휴대용 '읽기 기계', 청각장애인용의 '듣기 기계', 지체장애인용의 '컴퓨터 의족' 등이 있으므로, 신체 장애가 생활에 큰 장애가 아니라는 인식이 확대되고 있다.

여러 언어 사이에 통역 전화가 사용된다.

컴퓨터 기술의 가속적 발전에 따라 경제 성장이 계속된다. 20세기에는 컴퓨터 분야에서만 나타났던 가격 디플레이션이 이제는 다른 분야에도 나타난다. 모든 경제 영역이 컴퓨터의 영향을 받기 때문이다.

사람 음악가들이 일상적으로 가상 음악가들과 공연한다.

암과 심장 질환을 생체 공학적으로 치료하여 이들 질병으로 인한 사망률을 크게 줄이고 있다.

네오 러다이트 운동이 자라나고 있다.

2019   천 달러짜리 컴퓨터의 성능이 거의 사람의 뇌와 맞먹는다.

컴퓨터는 별로 눈에 띄지 않고, 벽이나 탁자, 의자, 책상, 옷, 장신구, 몸에 숨어든다.

다른 사람이나 컴퓨터, 웹 혹은 가상 현실과 통신하는 데에, 안경이나 렌즈에 부착된 3차원 가상 현실 디스플레이와 '청각 렌즈'를 사용한다.

컴퓨터와의 대화는 제스처와 상방향 자연어를 통해 이루어진다.

나노 공학으로 만들어진 기계가 제조 및 공정 제어에 이용되기 시작했다.

고해상도의 3차원 시청각 가상 현실과 전면적 촉각 환경 덕분에 멀리 있는 사람과도 무엇이든 가상으로 함께 할 수 있게 되었다.

종이로 만든 책이나 문서는 거의 사용되지 않으며, 대부분의 학습은 지능을 갖춘 가상 교사를 통해 이루어진다.

시각 장애인들은 보통 안경에 부착된 읽기-길안내 시스템을 이용한다. 청각 장애인들은 남들이 말하는 것을 청각 렌즈로 읽을 수 있으며, 지체 장애인들은 컴퓨터를 통한 신경 자극과 로봇화된 의족을 이용해 걷거나 계단을 오르내릴 수 있다.

거의 대부분의 거래에 가상 인간이 개입하고 있다.

대부분의 도로에 자동 주행 장치가 설치되어 있다.

사람들은 가상 인간과 사이에 동료, 교사, 관리인, 연인등의 관계를 맺기 시작한다.

모든 예술 장르에 가상 예술가들이 나타나 명성을 얻는다.

컴퓨터가 튜링 테스트를 통과했다는 보고가 많지만 아직은 테스트를 재대로 통과하지는 못한다.

2029 | 천 달러짜리 컴퓨터(1999년 불변가격)는 이제 천 명의 뇌와 필적한다. 영구적 혹은 탈착식 인공 눈과 귀가 사람과 웹 사이의 입출력에 이용된다.

신경 직통로가 완성되어 사람의 뇌와 고속 연결이 가능하다. 인공 신경이 시각과 청각 능력, 이해력, 기억력, 추리력을 향상시키는 데 사용되기 시작했다.

가상 인간들은 스스로 학습하며, 중요한 지식들은 사람의 개입이 거의 없이 컴퓨터에 의해 창조된다.

컴퓨터들은 거의 모든 문헌과 멀티미디어 자료를 읽는다.

신경 직통로를 이용한 전면적 시각, 청각, 촉각 통신이 광범위하게 이용되고 있다. 특별한 장치에 들어가지 않고도 가상 현실을 체험한다. 사람이 개입하는 통신은 거의 없으며, 있어도 사람과 기계 사이의 통신이다.

제조업이나 농업, 운수업에는 사람 노동자가 거의 없다. 인류 대부분은 생활 필수품에 구애받지 않는다. 컴퓨터의 법적 권리와 '사람'이란 무엇인가에 관한 토론이 점증하고 있다. 컴퓨터들이 튜링 테스트를 분명히 통과하기는 하지만, 컴퓨터의 지능이 사람의 지능만큼 다양한가에 관한 논쟁은 계속되고 있다.

기계들이 스스로 의식이 있다고 주장한다. 이 주장은 널리 받아들여진다.

2049	영양적으로 적합하고, 맛이나 느낌이 종래의 음식과 똑같은 나노 기술에 의한 음식이 널리 사용됨으로써 더 이상 토지의 부족이나 기상이변, 흉년을 걱정할 필요가 없다. 진짜 현실에 사람이나 물건의 영상을 투사하는 데 나노봇 무리를 투사하는 방법을 사용한다.
2072	피코엔지니어링(피코미터: 1조 분의 1미터 수준의 기술)이 실용화되기 시작한다.
2099년까지	사람의 생각과 사람이 창조한 기계 지능의 세계를 융합하려

는 강력한 흐름이 있다.

사람과 컴퓨터 사이에는 더 이상 뚜렷한 차이점이 보이지 않는다.

대부분의 의식 있는 존재들은 고정적인 몸의 형태를 갖고 있지 않다.

사람의 지능에서 확장된 기계 지능이 스스로를 사람이라고 주장한다.

이들 기계 지능들은 대개 특정 컴퓨터 장치에 매여있지 않다. 본래의 인간보다 소프트웨어적 인간이 훨씬 많이 존재한다.

아직 탄소 기반의 뉴런을 사용하는 사람의 경우에도 대개 인공 신경 기술을 사용하여 지각 능력과 인식 능력이 크게 향상된다. 그렇지 않은 사람들은 다른 사람들의 대화에 끼어들지 못한다.

대부분의 정보가 통합 지식 프로토콜로 출판되므로 정보는 즉시 이해된다. 교육의 목표 또는 지능적 존재의 목표는 새로운 지식을 발견하는 것이다.

펨토엔지니어링(펨토미터 즉 천조 분의 1미터 수준의 기술)에 관한 제안이 논의되고 있다.

지능적 존재에 있어서 평균 수명이란 용어는 더 이상 의미가 없다.

수천년 후   지능적 존재들이 우주의 운명을 좌우한다.

자료: Kurzweil, R. The Age of Spiritual Machines: When Computers Exceed Human Intelligence. New York: Penguin Books. 1999. (한국어 번역본: 채윤기 역. 21세기 호모 사피엔스. 서울: 나노미디어. 1999)

　다음에 소개하는 미래에 대한 예측은 대단히 흥미로운 것이기
는 하지만, 예측 방법이 라즈니쉬와 같은 명상가들이 사용하는 방
법에 기초하고 있어서, 신빙성 정도를 명확히 말할 수 없다. 따라
서 다음 예측들은 참고사항으로만 여기기 바라며, 인용 또는 재인
용하지 말 것을 권고하며, 또한 심각하게 고려하지 말 것을 당부
한다. 그렇지만 우리들의 상상 능력을 확장시켜 주는 장점이 있기
에 참고로 수록한다.

발생년도	정치경제적 변화	과학기술의 변화
2000-2010		
2010-2020		유전자 재앙이 발생한다
2020-2030	세계정부(world government) 구성을 위한 실험	호킹(Hawking) 이론의 종말
2030-2040	전지구적 금융체계 (global finance) 등장	
2040-2050		의약품이 불필요해진다
2050-2060		사이버 의사 때문에 의학 박사가 없어진다
2060-2070	식량문제가 심각해진다	
2070-2080		
2080-2090		우주에 관한 통일이론 (unified theory) 형성

2090-2100		
2100-2110	가족(family)이 없어진다	신우주시대(new space age)가 열림
2110-2120		
2120-2130		광속 여행 실현
2130-2140		
2140-2150		컴퓨터 브레인 등장
2150-2160		
2160-2170	미국의 소멸	
2170-2180	공동생활체(commune)의 등장	
2180-2190	직업정치인의 소멸	
2190-2200		

출처: Peter Lorie, Sidd Murray-Clark, History of the Future: A Chronology. New York. Doubleday. 1989. pp.11-31.[2]

---

2) 이와 같은 예측은 서기 2900년에서 3000년에 이르기까지 시도되지만, 나머지 는 생략하기로 한다.

제3장

정보화 시대의 사람: e-people의 특성

앞의 제2장에서는 기술 발전이 미래의 생활을 어떻게 바꿀 것인가를 설명하였다. 그러나 기술 발전의 목표는 인간의 삶을 풍요롭게 하는 것이며, 이 점은 정치도 마찬가지다. 본 장에서는 정치의 기본 구성 요소인 인간에 초점을 맞추고자 한다. 정보화 사회에서 개인으로서의 인간은 어떤 특성을 가지며, 또 전자 시대의 공동체는 어떻게 변화할 것인가를 탐구한다. 특히 미래 사회의 공동생활 중 정치는 어떤 모습으로 변모할 것인가를 논의한다.

네트워크 사용자들의 특성은 무엇인가? 물론 한 마디로 집약할 수 없는 다양성이 지배적이다. 그렇지만 그들의 일반적인 성향은 대체로 포착해 볼 수 있다. 네트워크 이용자를 중립적으로 표현하면 이용자(Users)라고 하지만 좀더 수사학적으로는 네트워크 속에 거주하는 사람, 즉 '네티즌'(Netizen)이라는 신조어로 부르기도 한다(어떤 컨설팅 전문회사는 네티즌과 동일한 개념에 대하여 사이버시민(Cybercitizen)이란 용어를 만들어서 상표등록까지 해놓고 있다). 그리고 네트워크 중에서도 인터넷을 강조하여 인티즌

(Intizen)이란 용어도 함께 사용된다. 여기서는 네티즌, 사이버 시티즌, 인티즌 등을 모두 합하여 좀더 중립적인 표현인 e-people로 부르기로 하자.[3]

e-people 중에는 이따금씩 네트워크에 방문해 보는 사람들도 있고, 아예 생활의 주요 부분을 네트워크 상에서 보내는 사람들도 있다. 어떤 네티즌은 오락을 위해서 사이버 공간으로 들어오고, 어떤 네티즌은 사이버 공간에서 돈을 벌고, 부가가치를 창출하고, 또 소비한다. 네티즌의 증가와 함께 네티즌 공동체가 필요해졌고, 넷 공동체를 생활의 주요 터전으로 삼는 사람들도 생겨났다.

이런 e-people들의 모습(profile)은 각종 조사 자료를 통해 파악된다. 기존의 조사들에 기초하여, 이들의 특징을 ① 개별 이용자로서의 특성과 ② 전자공동체의 일원으로서의 특성으로 나누어 살펴보자. 특히, 본 연구의 주제인 전자민주주의와 관련하여 e-people의 정치적 성향도 함께 살펴보기로 한다.

---

3) 네티즌에 관한 정의가 다양하게 많지만, IBM의 전자정부센터(Center for Electronic Government)에서 발췌한 정의가 가장 적합해 보인다.
"네티즌은 정보를 획득하고 사람들과 교류하는 데 있어서 컴퓨터 네트워크를 주된 수단으로 삼는 사람들을 말한다. 네티즌들은 통신망에 적극적으로 연결되어 있다. 그들은 미래에 대하여 대단히 불만족스러워 하지만, 낙관적이기도 하다. 미국의 경우, 35세 이하의 인구 중 2/3가 네티즌이며, 성인 인구의 26%가 네티즌에 해당한다. 이들은 부유하고, 더 많이 독서하고, 더 많이 보고, 더 많이 벌어들인다. 네티즌들은 그들의 정치적 선택에 불만족스러워 한다. 이들은 일상생활의 심각한 문제들에서 다소 떨어져 나와 있는 엘리트들이다. 그들은 아이디어에 유대감을 느끼지, 정당에 유대감을 느끼지 않는다. 그리고 비공식적인 태도를 취하기 좋아하며, 유머를 즐긴다."(John Battelle)

1. e-people의 생활 모습

네티즌에게 별도의 명칭이 부여되었듯이, 이들의 생활도 네티즌이 아닌 사람들과 상당한 차이를 보인다. 앞에서 대표적인 e-people의 사례로 언급하였던 wjm@mit.edu(Michell 교수)의 생활상을 살펴보기로 하자. 다음 글은 요즈음에 와서는 전혀 새로울 것이 없지만, 10년 전인 1990년대 초에 인터넷이 아직 본격적으로 보급되기 이전에 쓰여졌음을 고려하면서 읽기 바란다.

"자판(keyboard)은 내 카페다. 매일 아침 나는 기계를 켜서 전자우편에 접속을 한다. 집에서는 PC를 사용하고, 연구실에서는 훨씬 더 강력한 워크스테이션을 사용한다. 호텔에서는 노트북 컴퓨터를 이용한다. 전자우편 프로그램의 수신함 아이콘을 누른다. 그러면 전세계로부터 온 메시지들이 나타난다. 내가 질문한 것에 대한 대답들, 또 내가 답변해 주어야 할 질문들, 원고 초안, 약속 등등 많은 정보들이 나온다. 나는 즉시 답장을 써서 발신함에 넣는다. 답장은 내가 커피 한 모금을 마시는 시간보다도 더 짧은 시간에 세계 곳곳으로 전송된다.

예전에는 무슨 일을 하려면 특정 장소로 꼭 이동을 해야 했다. 광장, 카페, 바, 백화점, 해변, 식당, 사무실, 클럽 등으로 옮겨 다녀야 했다. 그리고 그 곳에 가서는 동료들을 만나고 내 지위에 기대되는 역할을 수행해야 했다. 그래서 어떤 옷을 입는가, 몸짓은 어떻게, 대화는 어떻게 해야 하는가를 잘 조절해야 했다. 공공장소는 행위자(actors), 의복(costumes), 언어(scripts)로 구성되기 마련이다.

그러나 컴퓨터 네트워크가 전세계적으로 깔리자 전자광장(electronic agora)이 열리게 되었고, 전자광장이 다른 장소들을 대체하기 시작했다. 함께 모인다는 것, 공동체를 구성한다는 것, 그리고 도시생활을 한다는 것이 근본적인 변화가 찾아왔다. 넷은 완전히 다른 물질적 구조를 갖고 있으며, 작동방식도 완전히 다르다. 그뿐 아니라 우리들의 공적 생활을 완전히 다르게 바꾸어 간다. 전자광장은 그리스의 도시국가에서 광장(agora)이 수행했던 민주주의적 역할들을 그대로 이어 받아, 21세기에서 가장 중요한 역할을 수행할 것이다."

(Mitchell, 1995: p.6)

e-people로서의 미첼 교수의 생활 모습은 다분히 개인적이다. 그리고 컴퓨터 전문가로서의 특별한 삶의 양식으로 비춰질 수도 있다. 하지만 다음 사례를 통해, 네티즌의 삶이 특정한 그룹이나 개인에게만 한정되는 것이 아니라 장차는 우리 모두 네티즌의 삶을 살게 됨을 깨우쳐 줄 것이다.

"나이 많은 한 할머니가 외롭게 자기 아파트에 앉아 있다. 남편과 오래 전에 사별한 이 할머니는 중년이 된 자식들을 보고 싶어 한다. 자식들의 사진이 아파트 곳곳에 걸려 있다. 그러나 자식들은 자기네 가족을 돌보는 데 바빠서 잘 들르지도 않는다. 노부인은 이런 사정을 다 이해한다. 그들에게 짐이 되고 싶지 않다. 추억 만이 그녀를 위로해 준다. 아직 살아 있는 친구들도 부축을 받아야 거동하는 이들이 많다. 어느 모로 보나 노부인은 외로움 속에 살아야 한다. 그러나 실제는 그렇지 않다. 오늘밤, 그리고 매일 밤, 할머니는 워크스테이션을 이용한다. 목소리로 간단한 명령어를 지시한다. 그러면 할머니가 좋아하는 대화(chatting) 사이트로 쉽게 연결된다. 거기서 할머니는 새 친구들을 만난다. 그들의 모습이 영상으로 화면에 떠오르고, 서로 웃고 즐기고 하는 모습이 모두 나타난다. 오늘밤에는 모두 25명과 즐거운 대화를 나누었다. 할머니들은 내일 점심 약속을 했다. 내일은 실제로 얼굴을 맞대는 날이다."

(Dertouzos, 1997: p.301)

1998년에 영국에서는 인터넷에만 의존하여 생활을 영위할 수 있는가를 실험한 적이 있다. 3명의 지원자에게 네트워크로 연결된 컴퓨터와 신용카드만 제공한 채 일주일 동안 잘 살아 나갈 수 있는가를 알아 보자는 실험이었다. 물론 지원자들은 알몸에서부터 시작한다. 모든 구매 활동과 사회 생활을 인터넷으로만 해결해야 했다. 그 당시의 결론은 "인터넷에만 의존해서 살기에는 아직 시기상조"라는 것이었다. 하지만 이런 결론이 5년 후에도 유지될까? 10년 후에는? 15년 후라면?

2. e-people의 인구학적 특성

현재의 네트워크 사용자들인 e-people의 개인적 특성은 어떠한 가? 이 질문에 답하기 위해서는 '사용자 조사(User Survey)' 결과를 참조하여야 한다. 미국과 한국을 나누어 살펴보자

(1) 미국의 e-people

현재 전자통신 사용자들에 대한 조사는 수많은 기관에서 실시했고, 또 계속 실행되어 가고 있다. 다음 〈표 3-1〉은 CASIE가 수집한 조사 목록이며, 이 목록은 지금 현재도 계속 추가되고 있다.

조사 기관	조사명
Bates USA	1995 Bates Cyberthusiast Study
CommerceNet/Nielson Media	Internet Demographics Survey
Find/SVP	The American Internet User Survey
Forrest Research, Inc	People and Technology Strategies
GVU	The WWW User Survey
Netsmart	The Internet Population Exposion
O'Reilly & Associates	Defining the Internet Opportunity
Response Analysis Corp	Business and Consumer Attitudes to the Internet
Yankelovich Partners, Inc	Cybercitizen: A Profile of Online Users

자료: CASIE, 1997.

이 표는 정보통신 사용자들에 대한 주요 조사들을 일별해 주고
있다. 그러나 이 조사들 중 거의 대부분이 마케팅 등 상업적인 목
적을 위해서 수행되었고, 또 조사 결과도 유료로 제공하고 있다.
이에 비해 GVU(Graphic, Visualization & Usability) 센터의 설문 조
사는 조사 과정 및 결과를 공개하고 있으며, 또 조사 결과가 특정
목적에 제한되어 있지 않은 범용 자료이다. 이런 점에서 다른 어
떤 조사보다도 객관성을 인정받고 있다.

GVU센터는 조지아 공과대학의 일원으로서, 1995년부터 1998
년 현재까지 총 8차에 걸쳐 대대적인 전자통신 사용자 조사를 실
시해 오고 있다. 다년간에 걸친 패널 자료를 통해 GVU는 다른 어
떤 조사 기관보다도 신뢰도(reliability) 높은 사용자 프로파일을 제
공하고 있다. GVU가 1997년 4월부터 5월 사이에 실시한 조사를
보면, 총 19,970명이 응답을 하였고 그들로부터 얻은 정보는 총

87,000가지나 된다.

연령: e-people의 연령은 지속적으로 높아지고 있다

일반적으로 정보통신은 젊은 학생들의 전유물일 것으로 생각한다. 그러나 GVU의 조사 결과에 의하면, 네티즌의 평균 연령은 계속 높아져 가고 있다. GVU의 1995년에 실시된 제4차 조사에서는 평균 연령이 32.7세였으나, 제5차 조사에서는 그것이 33.0세로 높아졌고, 제6차 조사에서는 다시 34.9세로 증가하였다. 그리고 1997년의 제7차 조사에서는 평균 연령이 35.2세로 높아졌다.

이처럼 상식과 다른 결과가 나온 것은, 한 번 네티즌이 되면 계속하여 네트워크 사용자로 남기 때문에 시간이 지날수록 평균 연령이 높아진다는 해석으로 설명될 수 있다. 즉, 통신 네트워크가 보급되기 시작할 초기에는 젊은 학생들이 주요 사용자가 되고, 해가 갈수록 더 어린 사용자들이 늘어난 후, 이들에 대한 침투(penetration)가 완료되면 사용자들의 연령이 높아진다는 것이다.

GVU의 조사가 전세계 인터넷 사용자를 대상으로 한 것이기는 하나, 미국 국적 사용자가 피조사자로 포함될 개연성이 크기 때문에, 사용자의 평균 연령에 관한 GVU의 조사결과는 다분히 미국의 경우를 대변하고 있다. 우리 나라의 경우 현재 시점에서 인터넷 사용자 조사가 완료되지 않았기 때문에 구체적인 자료가 생성되지는 않았다. 하지만 일부 알려진 자료에 의하면 한국 네티즌의 연령 분포는 20대가 36.4%, 20대 미만이 34.2%로 아직도 젊은 사용자가 많다(한국인터넷정보센터, 2000.4). 이 점은 한국이 아직 네트워크 사용 초기에 있음을 반증하고 있다.

정보통신 혁명이 전세계에 파급되어, 모든 사람이 네트워크 사용자가 된다면, GVU 조사와 같은 조사에서 나타나는 평균 연령이 인구센서스에 의해 밝혀지는 평균 연령에 수렴하게 될 것이다. 이런 점에서 사용자 연령의 상향은 정보화 사회로의 진입을 알려주는 지표인 동시에, 정보화 사회를 더욱 의미 있게 성숙시키는 중요한 변수가 된다.

〈표 3-2〉 네티즌의 평균 연령 추이

조사기관	조사연도	평균연령	조사명
GVU	1995	32.7	제4차 WWW 사용자 조사
GVU	1995	33.0	제5차 WWW 사용자 조사
GVU	1996	34.9	제6차 WWW 사용자 조사
GVU	1997	35.2	제7차 WWW 사용자 조사
FIND/SVP	1997	36.5	미국 인터넷 사용자 조사

자료: http://www.gvu.gatech.edu/user_surveys/survey-1997-04/

성별: e-people에는 아직 남성이 더 많다

GVU의 여러 차례에 걸친 조사에서 여성 사용자의 비율은 약 32% 대에서 안정되게 포착되고 있다. 미국 내 사용자들 중에서 여성이 차지하는 비중은 다른 지역의 그것보다 높아서 33.4%를 점유하고 있다. 그런 반면 유럽의 여성 사용자 비중은 14.6%에 불과한 상황이다. 이처럼 여성 사용자의 비율이 낮은 것은 장차 네트워크 사용자 확대 노력이 주로 여성에게 초점을 맞춰야 함을 의미한다.

여성 사용자를 연령별로 분류하면, 25세 미만이 31%, 25세에서 50세까지가 31.5%, 그리고 50세 이상이 28.7%로 밝혀지고 있다.

여기서 특히 관심을 끄는 것은 50세 이상의 여성 사용자 인구가 예상보다 많다는 점이며, 이들의 비중이 지속적으로 증가하고 있다는 사실이다. 그런데 일본의 니케이 멀티미디어사가 조사한 바에 의하면, 여성들의 인터넷 쇼핑 구매 회수 및 단가가 남성들을 상회한다고 한다(http://www.commercenet.com). 장차 전자상거래(electronic commerce)가 본격화될 경우, 구매력 있는 중년 여성 네티즌의 확대가 예측된다.

〈표 3-3〉 네티즌의 여성 비율

구 분	여성 사용자 점유비율
조사자 전체	31.3%
미국 사용자	34.4%
유럽 사용자	14.6%
19세-25세	30.9%
25세-50세	31.5%
50세 이상	28.7%

자료: GVU, 1997.

직업: e-people의 대표적 직업은 컴퓨터, 교육, 그리고 전문가들이다
컴퓨터 관련 직종에 종사하는 사람들이 네트워크를 더 빨리, 더 많이 사용하게 되는 것은 당연하다. 그래서 인터넷 사용자의 약 1/3이 컴퓨터 관련 직업에 종사하고 있다. 그 다음으로는 학생, 교사, 교수 등 교육관련 직종의 사용자가 많다. 관리직과 전문직 종사자는 업종의 성격상 전체 사용자 중에서 차지하는 비중이 적을 수밖에 없다.

직 종	점유비율
컴퓨터 관련	30.2%
교육 관련	24.5%
관리직종	9.9%
기타	14.7%
전문직	20.6%

자료: GVU, 1997.

동기: 온라인 네트워크의 이용 동기

현재 네티즌들이 정보통신 네트워크를 이용하는 주된 이유로는
전자우편이 가장 많이 손꼽힌다. 다음 〈표 3-5〉는 SURVEY.NET
에서 사용자 조사를 한 결과로서 전자우편, 연구, 오락, 교육, 뉴

〈표 3-5〉 주요 사용 동기

응답 비율	동기 내용
77.6%	전자우편 등 소식 주고 받기
77.4%	연구
51.0%	게임, 오락
50.6%	교육
46.2%	최신 뉴스 검색 또는 금융 정보 탐색
31.8%	채팅
29.0%	뉴스 서비스 이용
26.8%	개인 홈페이지 개설
26.0%	동호인 찾기, 의견 나누기
21.8%	구직
21.0%	온라인 쇼핑
20.9%	성인용 검색
18.8%	인터넷에 기초한 사업 운영
9.4%	새로운 소득 기회 모색
3.3%	비디오 화상 회의

자료: SURVEY.NET, 미국 인터넷 사용자 조사(1997.3), 응답자 수 : 2,053

스 검색 순으로 사용 동기를 파악하고 있다. 구직, 쇼핑, 정치 참여, 비즈니스 등 정보화 사회에 핵심적인 사용 목적들로 지목되고 있는 사항들은 아직 높은 반응을 받지 못하고 있다.

넷 이용 행태

최근의 인터넷 이용자들은 기술전문가들이 아니라 일반 시민들이 주류를 이루고 있다. 예전에는 소수의 전문가들이 우월감 속에서 인터넷을 사용하였으나 최근 사용자 조사 결과, 사용자의 73%는 자신들이 어떤 우월감을 갖는 사실을 부정하고 있다.

사용자들의 84%는 인터넷이 더 좋은 의사결정을 하게끔 도와주는 장치라고 인식하고 있으며, 64%의 응답자가 실제로 더 많은 정보를 얻었다고 답하고 있다. 이용자들은 처음에 특별한 목적을 가지고 인터넷에 접속한다(63%). 그러나 이들은 곧 예상치 못한 정보에 접하게 되고(78%), 원래 의도했던 것과는 다른 사이트들을 검색하게 된다.(78%)

인터넷 사용 초기에는 호기심(80%)이나 정보검색의 필요(79%) 때문에 접속하게 되지만 시간이 지남에 따라서 사용 동기가 모험(43%)과 오락(47%)으로 옮겨가는 성향이 있다. 이들은 호기심에서 출발하여, 여러 웹사이트를 항해하다가 새로운 것 또는 독특한 것을 발견하곤 한다.(81%)

네티즌은 TV를 적게 보게 되고(64%), 잠도 덜 자고(30%), 29%가 인터넷으로 물건을 구매하며, 74%가 재무/금융 관련 웹사이트를 방문해 본다. 이용자의 50%가 온라인 잡지를 읽고, 48%가 신문을 본다.

통신 네트워크를 사용하면서, 이용자들은 신대륙을 발견하는 콜럼버스 같은 느낌을 갖거나(35%) 아니면 셜록 홈즈와 같은 느낌을 갖는다(44%)고 한다.(Netsmart Survey Result, 1995)

(2) 한국 e-people의 특성

네티즌에 관한 이상의 프로파일은 주로 정보화 최첨단 국가인 미국을 중심으로 살펴본 것들이다. 미국에 비해 컴퓨터 및 정보통신 이용률이 낮은 우리 나라의 경우, 네티즌의 인구사회적 특성은 미국의 그것과 많이 다르다. 시간이 어느 정도 지나면 한국의 네티즌도 미국이나 다른 어느 선진국의 네티즌들과 크게 다를 바 없는 상태가 될 것이다. 하지만 그런 침투(penetration)가 이루어지기까지 시간이 필요하고, 이 점을 고려하면서 한국 네티즌의 오늘을 이해하여야 한다.

한국인터넷정보센터는 전국의 8,500명을 대상으로 "인터넷 이용자 실태 조사"를 실시하였다(2000년 3월). 한달에 한 번 이상 인터넷을 이용하는 사람은 1999년 10월에는 940만 명이었는데, 7개월이 지난 2000년 3월에는 1390만 명으로 증가한 것이다.

이 조사 결과를 4년 전인 1996년 말에 실시한 PC통신 가입자 분석(정영국, 1997)과 비교하면 다음과 같은 사실들이 발견된다.[4]

---

4) 물론 두 조사가 조사대상이나 방법에 있어서 차이가 있기 때문에 1:1 비교는 하기 어렵다. 하지만 비율(%) 비교를 통해 변화의 추이는 짐작할 수 있으므로, 그 비교를 여기에 수록한다.

우선 여성 e-people과 지방 e-people의 증가를 손꼽을 수 있다.

네트워크 이용자 중 여성의 비율은 1996년에 25%로 파악되지만, 2000년에는 37.5%로 증가하고 있다. 다소 시차가 있기는 하지만, 1997년 미국의 여성 인터넷 사용자 비율이 33.4%였던 것을 고려하면 상당한 진전이 이루어진 셈이다. 게다가 2000년부터는 정보통신부가 '주부 인터넷 교육'을 적극적으로 펼치고 있어서 여성 e-people의 증가는 더욱 강화될 것으로 보인다.

지방 e-people의 증가도 현저하게 이루어지고 있다. 1996년 말에는 네트워크 사용자 중 75%가 수도권에 거주하였지만, 2000년에 그 비율은 46.4%로 급감하고 있다. (반대로 네트워크 사용자 중 지방거주자의 비율은 1996년의 25%에서 2000년의 53.6%로 급증하고 있다.)

〈표 3-6〉 한국 e-people의 인구사회적 배경

구 분		분포 비율	
		1996년말	2000년3월
총이용자수		140만명	1,393만 명
성별	남자	75.0%	62.5%
	여자	25.0%	37.5%
연령	20세 미만	22.0%	34.2%
	20대	51.0%	36.4%
	30대	19.0%	18.6%
	40대	7.5%	8.5%
	50대 이상	-	2.2%
지역	수도권	75.0%	46.4%
	지방	35.0%	53.6%
소득	중상류층	75.0%	-
	중하류층	25.0%	-

자료 : 네트워크 가입자를 분석한 정영국(1997.4.24) 및 한국인터넷정보센터의 이용자 설문조사(2000.4) 참조.

연령별로 볼 때, 1996년에는 20대의 이용자가 51%로 압도적이었지만, 2000년에는 그 비율이 36.4%로 낮아지고, 그 대신 20대 미만 사용자와 50대 이상 사용자가 증가하고 있다. 연령이 높아질수록 인터넷 사용률은 떨어지고 있으나, 이제 인터넷이 연령을 불문하고 침투하기 시작하였음을 알 수 있다. 미국의 최근 조사들은 인터넷 사용자들 중 50세 이상 여성의 비율이 증가하고 있는 것에 주목하고 있다. 그런데 한국에서도 머지않아 50대 이상 여성의 인터넷 사용율이 증가할 것으로 보여 고무적이다.

1996년 말의 한국의 정보통신 이용자는 30대 이하의 신세대를 중심으로 이루어지고 있으며(73%), 성별로도 남성이 압도적인 비율(75%)을 차지한다. 지역적으로는 수도권 이용자가 65%를 점유하고, 소득에 있어서는 중상류층이 75%를 점한다. 그러나 이런 경향이 2000년에 와서는 다소 달라지고 있다. 2000년 현재 한국의 e-people은 연령별로도 다양해지기 시작했으며, 여성의 비율도 증가하고, 무엇보다 지방의 이용자가 절반을 넘어서고 있는 등 많은 변화를 보이고 있다.

이처럼 인터넷 이용이 사회 곳곳에 침투하고, 이용자가 다양해지는 것은 앞으로 한국의 전자민주주의의 발전을 위해서 바람직한 상황이다.

3. e-people의 정치적 특성

다시 GVU 조사 결과에 의하면, 미국 네티즌의 경우 민주당을 지지하는 성향을 다소 보인다고 한다. 그리고 투표율은 약 58%에서 59%로 일반 미국인들의 평균치와 비슷한 것으로 집계되고 있다. (〈표 3-7〉 참조)

그러나 네티즌의 정치적 성향을 이와 다르게 설명하는 경우도 있다. 예를 들면, 정치기자로서 일선 정치현상을 면밀히 관찰해 온 브라우닝(Browning)은 "넷 유저들의 정당지지 성향은 중립적이지만, 이들은 보통 사람들보다 정치 정보를 훨씬 더 많이 접하고 있고, 경우에 따라서는 넷 유저들의 투표율이 80%를 상회하여 선거에 결정적인 영향을 미치기도 한다"고 지적한다.

〈표 3-7〉 현재 네티즌의 평균적인 특성들

구 분	응답비율
지지 정당	미국인의 경우, 민주당(41%), 공화당(34%)
투표율	지방선거(59%), 국가선거(58%)

자료: GVU's Seventh WWW User Survey, 1997.4.
http://www.gvu.gatech.edu/user_surveys

네티즌들은 다양한 정보에 남다른 관심을 보이며, 그것이 정치 정보라고 해서 예외는 아니다. GVU 설문자료에 의하면, 네티즌들 중 정치관련 정보를 습득하는 데 30분에서 60분을 사용하고 있다는 응답자가 전체의 28%를 점유하고 있어 최빈치를 보이고 있다. 그 다음으로 많은 응답이 15분에서 30분으로 전체 응답자의 약 26%이다.

네티즌들이 정보를 가장 많이 습득하는 정보원으로 1위에 지역 신문(응답자의 62%), 2위에 네트워크 TV(55%), 그리고 3위로 온라인 뉴스(53%)를 꼽고 있다. 전통적으로 정치뉴스의 본산으로 불리는 TV 뉴스에서 주로 정치정보를 얻는다는 응답자는 46%밖에 안 되어 4위로 밀려나 있다.

응답자들이 정치관련 정보를 얻기 위해 가장 빈번하게 방문하는 웹사이트는 검색엔진(search engine) 사이트들인데 약 69%의 응답을 얻고 있다. 대다수의 네티즌들이 특정 사이트가 아니라 검색엔진을 이용하여 사이트에 접근한다는 것은 특별한 의미가 있다. 즉, 미리 염두에 두고 있는 특정 사이트로 가서 정보를 습득하는 것이 아니라 그때그때의 필요에 따라서 낯선 사이트더라도 방문하고 있음을 의미한다. 네티즌들이 두 번째로 많이 방문하는 정치관련 사이트는 바로 온라인 신문들이다(응답자의 약 47%). 네티즌들은 이미 전통적인 종이신문보다는 전자신문이 더 신속하고 편리하다고 생각한다는 증표이다. 우리에게 잘 알려져 있는 CNN은 약 32%의 응답을 얻어 3위를 차지하고 있는데, 네티즌들이 CNN의 존재를 일반인들보다 낮게 평가하고 있음을 보여준다 (GVU, 1997.4). 최근의 또 다른 조사에 의하면, 오는 2003년이면 인터넷이 기존의 모든 미디어를 제치고 뉴스와 정보의 가장 큰 원천이 될 것이라는 전망이다.(UPI 통신, 1998.5)

한편 GVU 조사에서, 네티즌들이 가장 선호하는 정치참여 형태 중 1위가 유력한 정치인들에게 직접 '편지쓰기'다. 그 다음이 '토론하기', '서명하기' 순이다. 이러한 정치참여 성향은 네티즌이 아니더라도 가장 많이 나타나는 현상인데, 단지 차이가 있다면 비네티즌에게서 3위를 차지했던 '편지쓰기'가 네티즌들에게서는 1위로 나타나고 있다. 전자우편의 편리함 때문에 이런 결과가 나왔을

것이다. 미국인 네티즌들 중의 약 9%가 가끔씩, 그리고 1.7%는
아주 자주 백악관에 전자편지를 보내고 있다.(〈표 3-8〉참조)

이와 반대로 네티즌들이 가장 싫어하는 정치참여 형태는 1위
기부행위, 2위 자원봉사, 3위 시위참여 순이다. 이것은 비네티즌
들이 회원가입을 가장 꺼려하고 그 다음으로 자원봉사와 기부행
위를 싫어하는 것과 그다지 큰 차이가 나는 것은 아니다. 하지만
네티즌은 비네티즌에 비해 시위참여를 훨씬 더 많이 꺼리고 있는
것으로 보아 역시 행동지향적 정치참여에는 거부감이 있음을 알
수 있다. 이는 네티즌의 정치참여 형태가 비이동성에 근거하여 말
로만 참여하는 방식으로 이루어지고 있다는 앞서의 주장을 방증
해 주고 있다.

〈표 3-8〉 정치참여 형태: on-line 대 off-line

구 분	On-line 참여 형태	Off-line 참여 형태
가장 선호하는 참여 형태	1위 편지쓰기	1위 토론하기
	2위 토론하기	2위 서명하기
	3위 서명하기	3위 편지쓰기
가장 꺼려하는 참여 형태	1위 기부행위	1위 회원가입
	2위 자원봉사	2위 자원봉사
	3위 시위참여	3위 기부행위

자료: GVU's Seventh WWW User Survey, 1997.4.

네티즌들의 공통된 특징 중의 하나가 장소 이동성(mobility)이
약하다는 것이다. 그 대신 네티즌들은 말이 많다. 목소리로 하는
말이 아니라 키보드를 통해 디지털 매체로 전송되는 언어를 많이

소통시킨다. 언어란 정신활동을 외적으로 표현한 것으로서 커뮤니
케이션이 많아진다는 것은 정신활동의 활성화를 의미한다. 즉, 네
티즌이 네트워크 상에서 작업할 때는 머리는 더 많이 쓰고, 몸은
덜 움직이게 된다. 물론 네트워크 상의 비이동성을 보충하기 위해
체육활동을 더 많이 하게 되는 네티즌도 있기는 하나 대개는 장소
이동성이 약하다. 그 대신 이들은 말로 하는 참여에는 열성을 보
인다. 전자 정치광장이 열리면, 이들의 참여는 비록 '언어적 참여'
에 국한되기는 하나 대단히 열성적이다. 일례로, 천리안 등의 대
화방에서 한 사람이 정치문제를 제기하면 수백 명의 토론자들이
모여드는 것은 드문 일이 아니다.

4. 미래의 bionic e-people

이상의 e-people에 관한 분석은 모두 다 현재의 네트워크 사용
자들에 대한 분석이다. 그러나 정보화가 앞으로 계속 가속화될 것
이 분명하므로, 미래의 e-people에 관한 예측들을 검토해 볼 필요
가 있다.

미래의 e-people에서 가장 중요한 요소는 네트워크 사용자의 평
균 나이가 계속 증가할 것이란 점이다. 향후 인류 전체가 e-people
이 된다고 할 때, 현재는 e-people 중 가장 작은 비중을 차지하고
있는 노인층이 앞으로는 e-people 중 가장 많은 비중을 차지하게
될 가능성이 높다.

뉴스위크의 예측에 의하면, 미국의 60세 이상의 노인 비율은

1999년에는 16%에 불과하지만, 2050년에는 25%로 증가할 것이라고 한다(Newsweek, 2000.1.1: p.35). 그러나 이런 예측은 지극히 보수적인 것이다. 앞에서 부록으로 수록했던 조이의 신기술 비관론의 경우(〈부록 2-1〉), 앞으로 30년쯤 후에는 유전공학, 로보틱스, 나노테크놀로지의 발전으로 인해 지금의 우리와는 근본적으로 다른 신인류가 현재의 인류를 대체해 갈 것으로 본다.

"하나의 분자(molecule)가 하나의 회로를 구성하는 분자전자학의 발달에 힘입어(나노테크놀로지) 지능형 기계 로봇이 출현할 것이다. 지능형 기계는 로봇공학과 유전공학을 이용하여, 인간의 육체를 점차로 컴퓨터 부속품으로 대체해 갈 것이다. 커즈와일은 이런 상황을 '영적인 기계(인간)의 시대'라고 부른다. …… 인간복제와 같은 기술이 발달하게 되면, 인간은 자기 자신을 여러 개(또는 여러 명)의 독립된 개체로 리엔지니어링할지도 모른다. 이렇게 되면 현재의 민주주의의 초석을 이루었던 평등성(예, 1인 1투표제)을 상실하게 될지도 모른다. …… "
(Joy, 2000)

조이의 견해가 너무 황당스럽다고 느껴지면, 조이 스스로 제기했던 다음과 같은 질문을 스스로에게 물어보기 바란다.

"여러분이 자신의 육체의 일부를 기계부품으로 바꿈으로써 200살까지 건강하게 살 수 있다면, 여러분은 이것을 거부하겠는가, 받아들이겠는가?"

전체 인류 중에서, 이 제안의 일부 또는 전부를 받아들이는 사람이 생기기 시작하면 모든 사람이 모든 부품으로 대체되는 것은 시간 문제이다. 종국에는 인간의 의식(意識)을 다운로드하는 세상이 올 것이다.

21세기 용어 설명) 나노생물학(nanobiology)

리보핵산(RNA) 메신저가 단백질 복제를 위해 원자를 어떻게 조작하는지 그리고 단백질의 자기 복제가 어떻게 이루어지는지 알게 되면 오늘날 인공적인 나노 엔진을 재구성할 수 있듯이 원자들을 하나 하나 결합해서 인공적으로 단백질을 만들어 낼 수 있다.

에너지(세포 안에서 통용되는 교환화폐와도 같은 아데노신 3인산 ATP형태―생체 내에서 에너지의 획득과 이용에 중요한 작용을 하는 물질)를 이용하여 이동할 수 있는 분자의 조합인 단백질을 바이오 나노 로봇으로 사용하거나 한 걸음 더 나아가 언젠가는 세포를 재생시키고 노화를 중단시키려는 목적으로 사용할 수 있을 것이다.

이 학문의 발전은 불로장수를 향한 인류의 노력에 새로운 전기를 마련할 것이다.(아탈리, 21세기 사전)

제4장

정보화 시대의 공동체

1. 가상공동체(virtual community)의 등장과 의의

앞에서 예로 들었던 인터넷 실험, 즉 사람이 알몸인 상태에서 인터넷에만 의존하여 일주일 동안 살아가는 실험의 뒷 이야기가 있다. 이 실험에 참여했던 사람들이 실험이 끝난 뒤 처음한 말은 "외롭다"였다는 것이다. 인간이 '사회적 동물'인 한 e-people도 사회적 동물이다. 따라서 이 실험의 참여자가 외로움을 호소했다는 것은 상당히 설득력이 있다.

하지만 반대의 의견도 있다. 인터넷이 오히려 사회성을 높여 준다는 조사결과도 나오고 있기 때문이다. 미국의 PIALP는 2000년 4월 한 달 동안 미국 내 인터넷 사용자 1,960명을 대상으로 설문 조사를 실시하였다. 이에 따르면, 응답자의 2/3가 인터넷이 인간 관계 개선에 긍정적인 영향을 미쳤다고 답했다. 성별로는 여성이 남성보다 인터넷에 더욱 많은 도움을 얻고 있는 것으로 나타났다. 여성 응답자의 60%는 인터넷으로 가족관계가 좋아졌다고 대답했고, 71%는 교우관계가 개선되었다고 말했다. 남성의 경우 그 비율이 각각 51%와 61%였다.(동아일보, 2000.5.12)

인터넷은 컴퓨터 앞에 앉아서 가상의 세계에만 빠져들어 현실감을 잃어버리는 인간형을 만들어 갈 수도 있지만, 활용하기에 따라서는 현실 세계의 인간 관계를 도와주기도 한다. 그뿐 아니라 e-people은 통신 네트워크를 전통적인 인간 관계(가족, 친구, 집단)를 향상시키는 데 활용할 뿐더러, 아예 네트워크 공동체(electronic community, virtual community 또는 wired community)를 새로 만들거나 그런 공동체에 참여하여 활동함으로써 새로운 공동체 생활을 영위하기도 한다.

물론 네트워크 공동체는 물질 세계의 공동체와 대단히 다른 점이 많다. 우선 공동체가 물리적인 모임이라기보다는 가상 조직(virtual organization)의 형태를 취한다. 그러기에 가입과 탈퇴, 신축적인 변형, 수평적인 대등한 관계, 다수對다수의 커뮤니케이션 등 물질 세계의 공동체와 상당히 다른 면이 있다.

하지만 어떤 네트워크 또는 동호회에 가입했다고 해서 그것으로 가상공동체에 참여했다고 볼 수는 없다. 누구하고 채팅 몇 번 했다고 해서 친구라고 할 수 없는 것처럼, 어느 가상조직에 참여한다고 해서 공동체 생활을 했다고 하기 어렵다.

공동체가 되기 위해서는 다음과 같은 다섯 가지 요건을 두루 갖추어야 한다. 처음의 세 가지 조건은 객관적인 요소이고, 나머지 두 가지는 주관적인 요소라고 할 수 있다.(윤영민, 2000: pp.116-119)

1) 친숙함(familiarity)

공동체 성원들이 서로 잘 알고 있어야 한다. 사이버 공간에서는 굳이 지리적으로 가깝거나 대면적 관계를 통해 친숙해질 필요는 없다. 그러나 어떤 의견이나 이슈를 중심으로 상당한 정도의 친숙함을 느껴야 가상공동체의 첫걸음을 디뎠다고 할 수 있다.

2) 안정된 관계(stable relationship)

성원들 간의 관계가 지속적이고, 안정되어 있어야 한다.

3) 질서(order)

성원들이 공통적으로 추구하는 가치와 규범이 있어야 한다. 즉, 공유하는 상징체계가 있어야 한다.

4) 소속감(sense of belonging)

성원들이 자신이 공동체의 일원이라는 느낌을 가지며, 다른 성원들에게 애정을 느낀다. 따라서 성원들은 공동체에 들어오면 따뜻하고 편안한 느낌을 갖는다. 그리하여 책임의식(commitment)과 유대감(solidarity)을 갖는다.

5) 전인격적 관계(whole-personal relationship)

인간 관계가 최초에는 지역, 학교, 종교, 취미, 관심사 등 특정한 계기에 의해 출발하였더라도, 그런 특정한 계기를 넘어서 전인격적 관계로 발전해 나가야 비로소 공동체라고 할 수 있다.

이상의 다섯 가지 요건 또는 그 이상을 갖출 때 우리는 비로소 공동체(community)라고 하는데, 이것은 사이버 공간 상에서 형성되는 가상공동체에도 그대로 적용될 수 있다. 이 요건들 중 일부를 결여하면 공동체가 형성되었다고 보기 어렵다.

일반적으로 지역공동체의 강화는 유대감 강화, 상호 신뢰도 향상 등을 가져온다고 한다. 그리고 ① 지역의 사회경제적 발전을 돕고, ② 민주성을 강화하고 의사소통의 분산화를 가져오며, ③ 대면적 관계 역시 새롭게 강화시킨다. ④ 통신시설을 공공 목적에 활용하게 되고, ⑤ 기술 변화를, 다소 속도가 빠르더라도, 바람직한 것으로 받아들여지게 된다고 한다.(Doheny-Farina, 1996: p.127)

네트워크 공동체는 수많은 형태를 취하고 있는데, 그 중에 가장 대표적인 것이 전자게시판을 중심으로 이루어진 동호회다. 그러나 요즈음에는 단순한 동호회를 넘어서서 특정한 목적을 달성하기 위한 행동그룹(activist group)을 형성하기도 하고, 경우에 따라서는 정당의 형태를 취하기도 한다. 또 한 켠에서는 현재 살고 있는 물질 세계를 전자 세계와 연결시키는 전자마을(digital village)이 실험되고 있기도 하다. 이들을 차례대로 살펴보기로 하자.

2. 초기의 가상공동체: WELL과 BBS

(1) WELL(Whole Earth 'Lectronic Link)

레인골드(Rheingold)는 1985년에 WELL이라는 컴퓨터 회의 시스템이 개발되자, 여기에 가입하여 오랜 기간 활동한 경험을 『가상공동체』(The Virtual Community)라는 저서로 출판하였다.

WELL이란 컴퓨터 회의 시스템으로서 지구의 어디서든지, 누구든지 공개적으로 대화하고, 토론하고, 사적인 이메일을 주고받을 수 있는 시스템이다. 레인골드도 처음에는 차갑고, 피가 통하지 않는 모니터 앞에서 인간들끼리 공동체 의식을 갖는다는 것이 가능하리라고 믿지 못했다. 하지만 수년 간에 걸친 네트워크 공동체 경험을 통해 그는 그 요인을 다음과 같이 세 가지로 요약한다.

1) 공감대 공유(communion)

제이 엘리슨(Jay Allison)이란 사람은 딸이 아파서 병원에 입원해 있을 때, 한밤중에 답답한 마음을 달랠 길이 없어서 컴퓨터를 켜고, 자신의 심경을 WELL에 업로드시켰다. 그러자 전세계에서 그를 위로하고, 또 딱한 사정을 진정으로 나누고 싶어하는 마음들이 그에게 전해졌다.

"새벽 세 시. 내 진짜 친구들은 모두 잠들어 있다. 나는 WELL이라는 낯설고도, 또 볼 수도 없는 이웃들에게 도움을 청했다. 그 시각에도 WELL은 깨어 있었다. 역경이란 혼자 있을 때 더 힘들다. 내 심경을 컴퓨터와 전화선에다 털어놓으면서, 나는 이런 예기치 못한 장치를 통해 동료애와 위로감을 느낀다."

(Rheingold, 1993: p.20)

위와 같은 경우 가상공동체는 이웃 사촌의 역할을 충실히 수행할 수 있다.

2) 지식 자본(knowledge capital)

가상공동체는 지식 자본을 증가시킨다. 레인골드가 미국 연방 의회로부터 가상공동체의 가능성에 대하여 진술해 달라는 요청을 받았다. 그는 자신이 컴퓨터나 네트워크 전문가가 아니기 때문에 어떤 답변을 어떻게 해야 할지 몰랐다. 그래서 WELL에다 이 사실을 게재하였다. 얼마 되지 않아 세계 각지의 전문가로부터 의회에 가서 말해 주었으면 좋겠다는 점들, 가상공동체의 장단점 및 미래에 대한 의견들이 쏟아져 들어왔다. 레인골드는 가상공동체에 엄청난 지식 자본이 있음을 느낄 수 있었다.

3) 사회적 네트워크 자본(social network capital)

1983년에 일본의 주시(Zushi) 시 시민들은 중앙정부의 대규모 주택단지 건설 계획에 반대하고 있었다. 미군이 무기고를 옮겨가고 남은 자연녹지를 계속 보존해야 한다는 것이 주민들의 의견이었다. 하지만 당시에는 중앙정부와 미군은 모두 엄청난 권력을 가지고 있어서 주민들의 반대는 가망이 없어 보였다. 하지만 WELL의 멤버였던 아이주(Aizu)가 이 사실을 업로드하자, 전세계의 환경보호 단체와 개인들로부터 지지 의견이 답지했고, 이에 힘입어 녹지는 계속 보존되었다.

레인골드는 가상공동체의 활동 경험을 통해 그것을 이와 같이 공감대 공유, 지식 자본 확대, 그리고 사회적 네트워크 자본의 확대라는 세 가지로 요약하고 있다. 1990년대에 들어와서 인터넷이 발달하자, WELL은 BBS와 함께 공동 발전을 모색하게 된다.

(2) BBS

1970년대 중반에 전자게시판 시스템(BBS)이 처음 등장하였다. 샌프란시스코의 프로그래머인 존 제임스(John James)는 BBS가 가상사회 구성을 위한 강력한 도구임을 간파하고 CommuniTree라는 전문가 단체를 결성하였다. 이 단체가 결성되자, 회원들은 이름 그대로 나무가 가지치듯 가상단체를 만들어 나가기 시작하였다.

CommuniTree가 텍스트 중심의 BBS 확산에 주력하고 있는 동안 그래픽 중심의 SIMNET이 구축되었다. 군사용으로 시작된 SIMNET은 전쟁 게임을 통한 가상 훈련에 역점을 두었다. 그 당시 기술 수준은 다소 저급하였지만, 사용자들의 전폭적인 지지와 공감을 얻었다.

이상의 두 가지 움직임이 전문가들을 중심으로 이루어졌다면, Habitat는 일반 주민들을 위한 네트워크다. Habitat는 단돈 100 달러면 살 수 있는 Commodore 64 컴퓨터를 일반 전화 공중망에 연결해 사용할 수 있도록 하였다. 그 결과 전자적인 가상 사회가 대폭적으로 확산되는 계기를 제공하였다.

이러한 초기의 발전에 힘입어 지금은 셀 수 없을 정도로 많은 동호인 가상 단체가 생겨나고, 없어지고, 또 다시 생성되고 있다. 1993년의 경우, 미국에만 6만여 개의 크고 작은 BBS가 있으며, 상업적 목적으로 운영되는 것이 약 60%이고, 나머지 40%가 개인의 취미로 운영되고 있다.(Rheingold, 1993: p.9)

BBS 문화는 미국으로부터, 일본, 유럽, 그리고 아시아와 기타의 지역으로 급속하게 확산되었다.

(3) 한국에서의 BBS 발전 과정

한국의 최초의 BBS는 1988년에 만들어진 서울의 엠팔이나 대구의 달구벌을 들 수 있다. 이 BBS에는 초창기 국내 컴퓨터 통신 전문가들이 집결하였다. 이찬진, 안철수 등이 주요 활동 멤버였다.

사설 BBS는 풀뿌리 컴퓨터 통신망이라고도 불리는데, 주로 개인이나 단체가 취미나 정보교환을 위해 만드는 미니 게시판으로서, 1997년 현재 국내에 약 2,000개의 사설 BBS가 운영되고 있는 것으로 추정된다.(장조원, 1997)

3. 가상공동체(또는 접속공동체)의 사례들

사람은 사회적 동물이므로 얼마 간의 조직적 유대감을 원한다. 그러나 정보화 사회에서의 이런 조직 또는 유대감은 상당히 다른 모습으로 나타난다. 우선 조직의 기초가 네트워크가 된다. 유대감은 전통적인 사회적 가치가 아니라 개인적 선호와 관심의 공유로부터 나타날 것이다. 그래서 정보화 시대의 공동 생활은 컴퓨터 네트워크를 중심으로 느슨하게 구성된 공동체(loosely connected group of community-based computer network)의 형태를 취한다. 이를 가상공동체 또는 접속공동체(wired communitarian)라고 불러도 좋다.(Doheny-Farina, 1996: pp.123-124)

접속공동체는 지역적 기반과 연계된 것과 그렇지 않은 것이 있다. 지역적 연계와 관계없는 공동체들은 BBS를 통한 의사소통 집단들과 다를 바가 없으므로 언급을 생략한다. 지역공동체에 기초를 둔 접속공동체의 대표적인 사례로는 미국 캘리포니아 산타모니카 시의 PEN, 버지니아 Blacksburg의 전자마을(BEV, Blacksburg Electronic Village), 영국의 Trimdon Village 등을 들 수 있다. 또 최근에 퍼져가고 있는 전자주민회의(electronic townhall meeting)도 이 범주에 속한다.

PEN

산타모니카의 PEN(public electronic network)은 1989년에 시작하였는데, 정부가 운영하고 주민이 접근 가능한 온라인 네트워크이다. 이 도시 주민의 약 1/3이 컴퓨터 네트워크에 연결되어 있는 상태였고, 공공 장소에 추가로 30대의 단말기를 설치하여 시작되었다.

PEN을 통해 시민들은 ① 학생들의 점심 식사 메뉴표, 공원 스케줄, 행사 일정등을 비롯한 시 정부의 모든 활동 데이터를 접할 수 있었고, ② 온라인으로 공공도서관의 책을 검색하여 그것을 우편으로 대출받았으며, ③ 24시간 어느 때든지 관계없이 시 정부에 전자우편을 보내고, ④ 건축허가, 면허발급 등의 민원을 네트워크로 처리하였다. 그리고 ⑤ 시민들 상호 간의 의사소통에도 이 네트워크를 사용하였다.

즉, PEN은 시민들에게 정보를 공개하는 게시판의 역할을 하며, 시민과 공무원, 그리고 시민과 시민 간의 의견을 교환하는 전자우편의 수단이기도 하다. 또 주요 지역 문제에 대한 토론을 진행하거나, 문헌의 검색, 각종 양식 및 보고서의 제출 등에 활용된다.

이와 유사한 사례로는 UtahNet, HawaiiFYI 등이 있다.(유평준, 1997)

BEV

PEN 등의 지역기반 공공 네트워크들은 시민들의 일부 생활영역에 한정하여 전자통신 네트워크를 보조적으로 활용한 반면, 버지니아의 Blacksburg에서는 지역주민 전원의 모든 생활을 전자화해서 아예 전자마을을 구성하겠다는 야심찬 사회실험 계획이다. 컴퓨터 네트워크가 생활의 잔여적 기능(residual function)에 머무르는 것이 아니라 전자마을이 실제 마을과 공존하도록 한다는 계획이다. 이 전자마을은 1992년에 인근의 공과대학(Virginia Tech)이 기술지원을 하고, 통신회사(Bell)가 재정 지원을 해서 구축되었다. 현재 전체 주민의 약 절반 정도가 BEV를 사용하고 있다.

BEV의 주민에 대한 여러 차례의 설문조사 결과 "지역공동체의 존재 이유가 소중해지고, 공동체 의식이 강해졌음"이 밝혀지고 있다. 지역주민들은 이 새로운 장치를 사람들 간에 의사소통을 돕는 장치로 인식하게 되었으며, 그들 스스로 지역의 문제에 힘을 행사할 수 있는 의욕을 갖게 되었다고 한다. BEV는 컴퓨터 네트워크가 지역공동체의 부활과 강화에 유용하게 쓰일 수 있는 도구임을 여러 모로 입증해 주고 있다.

BEV 사용자의 72%는 인터넷이 시민들의 공공문제 해결에 도움을 주고 있다고 응답하고 있으며, 86%는 지역게시판에 관심을 쓰고 있고, 79%는 BEV가 사회적 관계를 강화하는 데 도움이 된다고 답한다. 또 응답자의 28%는 BEV 사용 이후 예전보다 더 많이 지역문제에 참여하게 되었다고 한다.(Kavanaugh and Cohill, 1997 or http://www.bev.org)

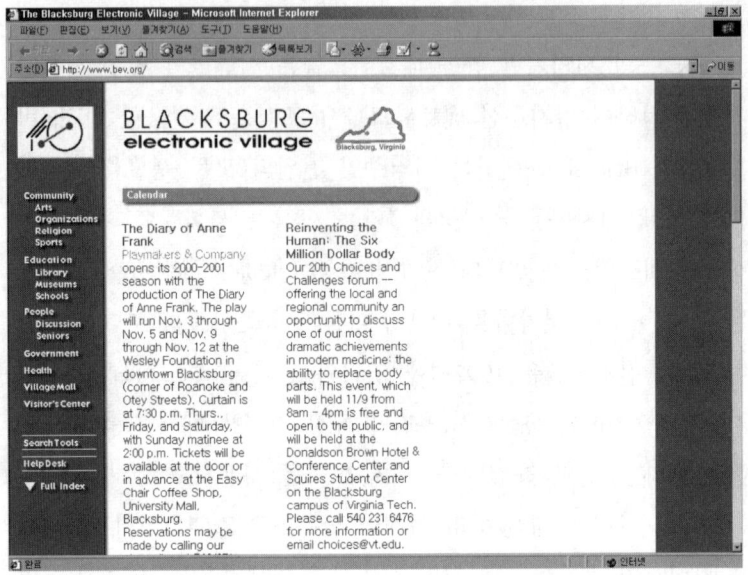

BEV 사례의 또 다른 장점은, 이것이 대학의 주도 하에 산업체, 지역정부가 공동으로 추진하고 있는 사업이기 때문에, 다른 사례에서와 달리 BEV에 대한 평가가 수시로 이루어지고 있다는 점이다. 다음은 이 프로젝트의 주역인 Kavanaugh 교수의 BEV 공동체에 대한 견해이다.

"BEV에는 인터넷 네트워크 시스템이 완비되어 있고, 게다가 지방정부, 학교, 도서관 등의 공공기관은 물론 상업조직까지 웹을 통해 활동할 수 있게 되어 있다.

BEV의 첫째 목표는 주민들을 서로 결속시키고, 이들을 세계로 연결시키는 것이다. 이 목적은 완벽하게 성공하고 있다. 지역 주민의 절반 이상이 가정, 학교, 직장에서 인터넷으로 직접 접속되고, 매일 수천 명이 BEV 홈페이지를 이용한다.

BEV는 사회적 신뢰(social trust)를 구축하고, 상호주의에 입각해서 공동행동을 취할 수 있는 역량 있는 공동체 네트워크다. 주민설문조사에서 응답자의 72%가 인터넷이 시민생활에 도움이 된다고 답하고 있으며, 응답자의 86%가 BBS와 뉴스그룹에 관심이 있다고 답한다. 네트워크는 또 공동체에 대한 소속감을 증가시킨다. 응답자의 79%가 BEV가 사회적 관계의 향상에 도움이 된다고 한다.

그러나 다른 가상공동체와 마찬가지로, BEV도 약점이 있다. BEV는 시민의 참여(civic engagement)를 고양시킬 잠재력이 있음에도 이것을 발현시킬 방법을 잘 모른다. 정부는 온라인으로 엄청난 정보를 내보내고 있지만, 주민과 정부 간의 커뮤니케이션은 불충분하다.

앞으로 다음과 같은 점에 역점을 두어 BEV를 개선시켜 나가야겠다.

- 주민의 문제에 관한 대화를 촉진하기 위해 이메일 주소록을 확장한다.
- 주민들의 토론을 활성화시키기 위해 Usenet 그룹을 더욱 활발히 이용한다.
- 특정한 주제나 문제를 다룰 온라인 회의를 활성화시키기 위해 채팅 기능을 강화한다.
- 시민들에 대한 트레이닝을 제공한다."

(Kabanaugh, 1999)

NPTN

앞에서 예로 든 PEN과 BEV는 특정한 일부의 지리적 지역을 중심으로 네트워크의 활용에 주력하는 사례이다. 그러나 NPTN (National Public Telecomputing Network)은 특정 지역에서 출발하였지만, 가상공동체의 규모를 전국 규모로 확대시킨 대표적인 사례이다.

미국 클리블랜드에 사는 약학도 Grundner는 1984년에 처음으로 가정의학정보를 BBS 네트워크를 통해 전하기 시작했다. 가족 건강에 대한 대화식 상담이 상당한 인기를 얻게 되어 매일 500건~600건의 상담이 줄을 이었다.

1989년에는 이 전자게시판을 더욱 확대하여 Free-Net에 접속시켰는데, 그 후 5년 동안 계속 발전을 하였다. 가입자 수가 10만 명이 넘었고, 일일 평균 접속회수가 1,400건에 이르렀다. 그뿐 아니라 약 120개의 이익집단(special interest group)들이 이 네트워크를 사용하기 시작했다.

이후 NPTN으로 이름을 바꾸었으며, 1995년에는 NPTN에 가입된 지역 네트워크 수가 50개, 가입 준비중인 것이 120개에 달했다. 이 가상조직은 미국 41개 주에 보급되었고, 국제적으로도 10개국에 지소를 두게 되었다.

이제 NPTN은 의약 정보뿐 아니라 지역 생활 전반에 걸친 다양한 정보를 제공하는데, 가입자 수가 많아짐에 따라 이들의 정치적 영향력 또한 커져가고 있다.(Doheny-Farina, 1996: pp.128-129)

EFF

앞에서 예로 든 가상공동체들은 어떤 형태로든 현실 세계에 지리적인 베이스를 가지고 있는 것들이다. 이에 비해 EFF(Electronic Freedom Frontier)는, 물론 대부분의 활동을 미국 내에 한정시키고 있기는 하지만, 지리적 공간에 전혀 얽매임이 없이 존재하는 가상공동체이다.

그뿐 아니라 앞에서 예로든 가상공동체들은 다양한 구성원들의 다양한 문제를 해결하는 데 주안점을 두고 있다. 하지만 EFF는 가상공간 상에서 표현의 자유를 확보하자는 단일 관심사 공동체(single issue community)이다.

이 조직은 원래 미국의 FBI가 해커들을 체포하기 시작하자, 단순히 호기심에 충만한 해커(hackers)와 시스템을 악의적으로 교란시키는 크래커(crackers)는 엄연히 다른 존재임을 주장하면서 사이버 공간 상에서 표현의 자유가 전적으로 보장되어야 한다는 주장을 펼친다. 표현의 자유에 공감하는 수많은 e-people들이 EFF의 활동을 적극 지지하고, 참여하고 있다.

ICANN

앞에서 이미 여러 가지 다양한 형태의 가상공동체들을 소개하였다. 그러나 이들은 대부분 자발적인 모임의 성격에 머물러 있으며, 기본적으로 자유로운 정보교환을 목적으로 하고 있다. 현실 세계에서와 같이 한정된 자원을 놓고 치열하게 경합을 벌이는 상황을 직접적인 목적으로 하고 있는 것이 아니다. 이에 비하여 1998년에 클린턴 행정부로부터 도메인 등록 대행 허가를 받은

ICANN(Internet Corporation for Assigned Names and Numbers) 같은 조직은, 비록 도메인 정리와 같은 특정 분야에 한정되기는 하지만, 실질적으로 e-people들에게 자원을 배분하는 역할을 맡고 있다. 정치에 대한 대표적인 개념인 '누가 무엇을 어떻게 획득하느냐'(who gets what and how)의 관점에서 보면, ICANN은 이미 정치와 정부 역할을 수행하고 있다.

ICANN은 자체적으로 시민을 모집하고 있기도 하다. 16세 이상이며 이메일 주소를 가지고 있는 사람은 누구나 ICANN이라는 가상공동체(또는 가상정부)의 시민이 될 수 있다. 사이버 시민은 각 지역을 대표하는 이사들을 선출할 수 있으며, 선출된 이사들은 도메인 정리에 관한 권위 있는 의사결정을 내리게 될 것이다.

4. 한국의 인터넷 공동체

최근 국내의 인터넷 커뮤니티 사이트들은 대부분 엄청나게 많은 회원과 동호회를 자랑한다. 국내 최대라고 하는 다음커뮤니케이션의 경우 회원이 무려 1,200만 명인데다 동호회가 12만 개라고 한다. 하지만 정작 회원끼리 활발한 교류가 이루어져서 서로 친밀감을 느낄 정도의 동호회는 100개 정도로 추산된다. 2000년 1월 1일에 서비스를 개시한 프리챌은 회원이 90만 명에, 동호회가 5만이다. 하지만 이 역시 제대로 운영되는 동호회는 100개 남짓이다.(동아일보. 2000.6.26)

한국의 인터넷 공동체는 최근 들어 급증하는 추세다. 아직 그

규모와 실태를 제대로 파악한 연구는 없지만, 한국 사람들의 가상 공동체에 대한 태도는 생각 이상으로 개방적이어서 향후 가상공동체의 만발을 고대하게 한다. 1999년에 한 e-people이 실시한 '사이버 커뮤니티의 형성 가능성에 대한 평가 설문'이라는 조사결과를 보면, 298명의 응답자 중 49.3%에 해당하는 사람이 "신뢰가 형성되고 관심사가 같다면 온라인 상에서도 친밀한 관계가 가능하다"고 답하고 있다.

〈표 4-1〉 통신공간에서의 만남에 대한 귀하의 생각은?

데이터베이스로의 의미가 강하므로 만남은 중요하지 않다.	3.4%
잘 모르는 사람과 통신공간에서 만나는 것은 어색하다.	2.0%
많은 사람들을 자유롭게 만날 수 있어 좋지만 일시적 수준이다.	28.9%
신뢰가 형성되고 관심사가 같다면 온라인 상에서도 친밀한 관계가 가능하다	49.3%
오프라인 모임이 병행되어야만 친밀함을 형성할 수 있다.	12.4%
대면관계보다 더 높은 차원의 친밀한 공동체 형성이 가능하다	3.4%
기타	0.3%
무응답	0.3%
합계	100.0%

출처: 김희재. 1999. 사이버 커뮤니티의 형성 가능성에 대한 평가설문.
http://www.survey.co.kr/past_qss/survey_result.asp?seq=314.

　　한국심리학회는 1997년에 「가상공동체의식과 정보화사회에의 적응」이라는 심포지움을 열었다. 이 심포지움에서 개진된 사이버 공간에서의 인간 교류의 심리는 ① 탈억제(disinhibition), ② 개방성과 평등한 참여, ③ 친밀성과 협동성, 그리고 ④ 복합적 정체성(multiplicity of identity)으로 요약된다.

　　탈억제: 사이버 공간에서 사람들은 익명으로 교류할 수 있다. 현실 공간에서는 사람들이 의견이나 감정의 표현을 조절하고 억제하게 만드는 법률, 규범, 보복, 책임의식, 체면과 같은 다양한 장치가 발달돼 있다. 그러나 사이버 공간에서는 이러한 억제장치들이 힘을 잃는다. 이에 따라 사람들은 더욱 강하고, 과장되게 의견을 표출하거나, 아니면 반대로, 낯선 사람에게 매우 정답게 대하거나 더욱 솔직하게 대화한다.

　　개방성과 평등한 참여: 일상 대화에서 말 가로채기(interruption)에 관한 연구의 결과에 의하면, 여성의 대화 중단의 경우 80% 이상이 남성에 의해 이루어지며, 주로 높은 지위의 사람이 낮은 지위의 사람의 대화를 중단시킨다고 한다. 그러나 사이버 공간에서는 익명성과 개방성이 있으므로, 현실 세계의 지위고하를 떠나서 평등한 참여가 이루어진다.

　　복합적 정체성: 사람들은 다양한 측면의 자신의 정체감을 가지

고 있다. 이런 다양한 정체성을 일관되게 유지하는 것이 인격이다. 현실 세계에서의 인간 교류는 이런 일관성이 뒷받침되는 전인격적 교류이다. 하지만 사이버 공간에서는 여러 정체성들 중 일부만을 상대에게 밝히고(또는 가장하고), 다른 사람들과 교류할 수 있다. 이것을 모듈(module)적 관계성이라고도 한다.

친밀성과 협동성: 사람들은 사이버 공간에서 타인에게 더 우호적이고 협동을 잘하는 경향이 있다. 레스닉(Resnick)의 연구(1993)에 따르면, 가상공동체의 가장 중요한 특징으로 ① 협동이 용이하다는 점, ② 동료들로부터 기술적인 도움을 쉽게 얻을 수 있다는 점, ③ 가상공동체에서의 활동이 놀이같다는 점, ④ 완성된 작업에 대하여 청중이 존재한다는 점 등을 꼽고 있다. 인터넷 수업의 참여자들에 대한 면접조사에서도, 사회적 보상이 중요한 동기였다고 밝혀졌다. 동료들 간의 협동도 도서관에서보다 온라인 정보의 접근과 활용을 통해 더욱 증진되었다는 연구결과도 있다.

그러나 반대되는 연구결과도 있다. 가상집단이 협조적이고 친근한 것으로 보일 뿐 실제 행동에서는 그렇지 않다는 주장이다. 사이버 공간에서는 사회맥락적 단서가 결여되어 있으므로 구성원 간의 관계를 발전시키는 데 시간이 오래 걸리고, 일반정보는 비교적 자유롭게 공유하지만 민감한 개인적 정보의 공유는 회피하는 경향이 있으며, 사용자들이 합의에 도달하는 시간이 오래 걸리고, 갈등의 해결에 어려움을 겪는 결과가 관찰된다.(황상민, 한규석 편, 1999: pp.17-23)

제5장

미래의 국가: 세계정부론 대 마이크로 국가론

앞의 제3장과 제4장에서는 정보화 시대의 개인과 공동체를 각각 살펴 보았다. 이제 개인이나 공동체보다 단위가 더 큰 국가는 정보화 시대에 과연 어떻게 달라질 것인가를 살펴보기로 하자.

정보화된 미래 사회에서는 국가의 역할뿐 아니라 국가의 규모 또한 달라질 것이라는 예측이 많다. 가장 대표적인 예측은 두 가지다.

첫째로, 정보화의 발달로 인하여 지리적인 국경(國境)의 의미가 약화됨에 따라 전세계의 국가들이 소멸하고 그 대신 하나의 거대한 세계정부(world government)가 등장할 것이라는 견해다.(앞의 〈부록 2-2〉에서는 세계정부를 위한 실험이 2020년 경부터 본격화될 것으로 예견하고 있다.)

이와 반대되는 두 번째 의견 역시 국경의 유명무실화에는 동조한다. 그렇지만 국경의 소멸은 소규모의 작은 국가(microstates)의 탄생을 의미한다고 예측한다. 『디지탈이다』(Being Digital)라는 책으로 유명한 네그로폰테(Nicholas Negrofonte) 교수는 다음과 같이 말한다.

"현재 세계에는 220개 국가가 있다. 그러나 점차 더 늘어날 것이다. 20년 안에 3,000~4,000개 국가로 쪼개질 수 있다. 오늘날 대부분의 국가가 인위적으로 조직되어 있기 때문이다. 인구 500만 명이면 아주 적당한 국가 규모인 것 같다."

(동아일보. 2000.1.1.)

세계정부론 대 마이크로 국가론. 어느 것이 더 설득력이 있는 가. 국가의 형태와 규모에 따라 정치의 성격도 크게 달라질 것이 기에, 이 두 가지 예측을 뒷받침하는 논리들을 살펴보기로 하자.

1. 민족국가의 쇠퇴와 국가의 마이크로화

"자비에르(Xabier)씨는 길가 레스토랑에 앉아 시원한 아이스 티를 마시고 있다. 그는 국기가 그렇게 아름답게 느껴진 적이 없었다.

바로 하루 전날 그가 지금 앉아 있는 빌바오 광장에서는 밴드 소리 가 울려 퍼지고 무수히 많은 사람들이 몰려나와 덩실덩실 춤을 추었 다. 바스크 소수민족이 드디어 스페인으로부터 독립을 하게 되었기 때 문이다. 새 나라는 유스카디(Euskadi)라는 이름을 갖게 되었고, 즉시 UN과 EU로부터 국가 승인을 받았다.

자비에르씨는 두 손주들에게 자신의 투쟁 경험을 이야기해 주었다. …… 산 세바스챤 ETA 단원의 일원으로 활약하다가 스페인 민병대에 붙잡혀 간 일, 고문 당한 일 등등 이루다 말할 수 없을 정도로 많은 일들을 겪었다. ETA는 트럭을 이용한 자살 폭탄돌격, 암살, 납치, 고문, 무차별 사격 등으로 천 명이 넘는 사람들을 살해했다. 동지들의 절반은 스페인과 프랑스의 감옥에 잡혀 있었는데, 기적적인 유스카디의 독립으로 이들 모두 사면되었다.

자비에르씨는 사람들에게 이런 이야기를 들려주는 게 즐거웠다. 그렇지만 한 가지 수수께끼가 남아 있다. ETA 독립운동이 절정에 이르렀던 1980년대에는 독립을 얻을 수 없었다. 그런데 왜 한참 시간이 지나고 평화로운 시기에, 그것도 스페인이 자진해서 독립을 선언해 주었는지 말이다."

(Knoke, 1996: pp.225-226)

위의 인용구는 가상적인 사례지만 마이크로 국가의 탄생 가능성을 잘 표현해 주고 있다. 또 다른 상황을 하나 더 참조해 보기로 하자.

"빅토리아 시대 풍의 램프 밑에서 쟝 폰테인씨는 세금 고지서를 읽고 있다. 퀘벡 공화국(La Republique de Quebec)이 캐나다로부터 독립한 지 3년 후의 일이다. 쟝은 자랑스럽게 퀘벡분리주의당에 투표를 했었다. 하지만 이런 분리로 인해 경제 파탄이 올 거라는 예견들이 난무했었다.

사람들은 퀘벡이 캐나다로부터 독립하면 ① 엄청난 국가채무를 스스로 떠맡아야 되고, ② 두 국가 간에 군사적 긴장이나 테러 활동들이 일어날지도 모르며, ③ 새로운 통화(currency)체계 때문에 투자가 줄어들고, ④ 경제적 파탄이 발생하며, ⑤ 미국으로의 탈출성 이민이 발생할 것이라고들 우려했었다.

사실, 국가 분리 후 예상치 못한 문제들이 발생하기는 했다. 하지만 전환은 생각보다 순조롭게 이루어졌고, 퀘벡 공화국은 북대서양자유무역협정(NAFTA)의 네 번째 국가가 되었다. 경제는 생각보다 빨리 안정되었다.

그러나 무엇보다 쟝을 흡족스럽게 만든 것은 새 국가가 국민들의 소망에 훨씬 더 잘 부응하고 있다는 점이다. 분리 전 오타와의 관료적인 정부는 전혀 그렇지를 못했었다. 퀘벡 사람들은 교육, 치안, 조세 등에 훨씬 더 많은 관심을 보이게 되었다. 외국의 투자자본을 끌어 오거나 실제적인 문제를 해결하는 데 있어서도, 정부가 훨씬 더 효율적으로 움직였다.

창 밖에 세인트 로렌스 강으로 두 척의 무역선이 들어오고 있다. 쟝은 흐뭇한 마음으로 세금고지서를 책상 위에 남겨두고, 정원을 가꾸러 바깥으로 걸어 나갔다."

(Knoke, 1996: p.226)

현재 모든 국가는 영토주의에 입각해 있다. 즉, 모두 국경을 갖고 있는 것이다. 그런데 이 국경이 만들어진 이유를 보면 국가마다 제각각이어서, 어떤 논리적인 해답을 내릴 수가 없다. 마치 난개발(亂開發)된 오래된 도시처럼, 그냥 살아가다보니까 그렇게 만들어졌다는 답을 할 수밖에 없다. 현재의 국경에 합리성을 찾아보기 어렵다는 말이다. 그리고 현재의 국가 또는 국가의 규모가 적절하게 설정되어 있지 않다는 말이기도 하다.

유럽의 경우를 볼 때 1,500년 경에는 대략 500개의 작은 국가들이 난립해 있었다. 이들은 나름대로 영토를 잘 지켜 나가면서 존재하였다. 그러던 것이 화약(火藥)이 보급되면서, 작은 국가들은 큰 국가의 침범을 당해 낼 수가 없게 되었다. 그러자 생존을 위하여 더 큰 규모의 국가, 즉 민족국가(nation-state)로 통합되어 갔다. 이런 경향은 산업화와 함께 더욱 가속화되어, 20세기 초에 절정을 이룬다. 즉, 20세기 초엽에 고작 25개 국가가 전세계 영토의 84%를 차지하기에 이르렀던 것이다.

제1, 2차 세계대전이 끝나고, 식민주의가 약화됨에 따라 다시 국가의 숫자는 증가하기 시작한다. 1946년에 유엔이 창설될 때 52개였던 국가 수가 최근에는 190개로 증가하였다. 게다가 소련이 붕괴되자 다수의 독립국가들이 탄생하였고, 동티모르 등에서는 독립이 추진중이다.

세계가 더욱 더 작은 규모의 국가로 분화되어 가는 것은 우연히 발생한 사건인가 아니면 필연적인 원인이 있어서 그렇게 되어가고 있는가? 큰 국가의 장점은 무엇이고, 작은 국가의 장점은 또 무엇인가? 정보화 시대에는 어느 규모의 국가가 가장 유리할까?

독일의 유력지 디 짜이트(Die Zeit)는 다음과 같은 기사를 싣고 있다.

"유럽에서 가장 행복한 나라들은 가장 규모가 작은 나라들이다. Liechtenstein, San Marino, Monaco, 그리고 Luxembourg가 그 예이다. 나라의 규모가 크면 클수록, 지방과 국가 간의 긴장이 더욱 더 높아져 간다."

(Knoke, 1996: p.233에서 재인용)

정보화가 진행되어 장소의 벽이 무너짐에 따라 국가 규모가 작아져서 '자치지역'(autonomous regions) 정도로 축소될 때 정치적 갈등은 최소화되고, 그 대신 안정과 발전이 촉진될 것이다. 이것은 마치 대기업보다는 소규모 기업이 정보화 시대에 더욱 역동적으로 적응할 수 있는 것이나 마찬가지 논리이다.

앞에서 인용한 네그로폰테 교수의 말처럼 "인구 500만 정도의 국가가 3, 4천 개 있는 것"이 과연 최적의 사이즈인지 단정하기는 어렵겠지만, 국가의 분화는 어쩔 수 없는 대세로 보여진다. 유럽에서는 스페인, 이태리가 분화될 가능성이 많고, 아시아에서는 인도와 중국, 그리고 아메리카 대륙에서는 미국, 캐나다, 멕시코가 각각 분화될 가능성이 있다.[5]

지난 50년 간 세계의 인구는 계속 증가해 왔다. 하지만 국가의 숫자도 증가했기 때문에 국가의 평균 인구 수 역시 감소 추세이다. 각 나라의 평균 인구 수는 1946년의 3천9백만 명에서 20세기 말의 2천9백만 명으로 현저히 감소했다. 국제 사회가 인정하는 국가 중에 인구 50만 미만인 곳도 35개나 된다.(아탈리, 1999: p.69)

만약 국가의 규모가 '마이크로화'되어 간다면, 국민들의 정치에 대한 직접적인 참여가 촉발될 것이고, 정보통신 기술은 이것을 실질적으로 가능하게 만들어 줄 것이다.

---

5) 이러한 경향을 볼 때, 동서 독일 및 남북한의 통일은 다소 예외적이다. Knoke 는 남북통일에 대해서는 다음과 같이 견해를 피력한다.

"독일의 사례를 볼 때, 통일의 비용과 후유증은 엄청나다. 남한과 북한의 통일을 원하는 사람들은 국가에 대한 19세기적 개념에 아직 사로잡혀 있는 것 같다. 과거로 돌아가고자 하는 노스탤지아도 작용하는 것 같다. 두 개의 한국은 하나로 통일될 수 있을지도 모른다. 하지만 통일을 향한 원동력은 21세기라는 미래의 현실에 부응하려는 것이 아니라 다분히 감정적인 것에 기인한다." Knoke, 1996: pp.241-242.

2. 세계정부론

정보화 때문에 국경의 의미가 약해지고, 지구환경보호와 같이 장소를 초월한 사회경제적 문제 해결이 필요해질수록 세계정부의 등장이 예측된다. 이것은 국가가 최소 규모로 작아진다는 분화론과 정반대의 견해이다.

그 동안 몇몇 학자들 사이에 논란이 되어 왔던 세계정부의 등장 가능성은 1999년에 개최된 시애틀의 WTO 회의와 이에 대한 NGO의 대규모 시위로 점차 구체적으로 논의되기 시작하였다. WTO 회의에서 클린턴 대통령은 "WTO가 현재의 적절한 능력 이상으로 발전할 것"(beyond its proper competence)을 지원하겠다고 밝히자, WTO, IMF, UN 등과 같은 국제기구가 과연 세계정부로 진화할 수 있을 것인가 하는 문제가 화제가 되었다.

당시 시위에 참여했던 유명한 소비자운동가 랄프 네이더(Ralph Nader) 등은 "WTO는 세계정부가 아니라, 정부의 규제 위에 또 다른 규제를 덧붙이는 불필요한 존재"라고 반박하였다. 시사지 이코노미스트(The Economist)의 사설도 "WTO는 전지구적 정부가 아니라 단지 국가들 간의 합의를 이끌어 내고 논란이 있을 경우 중재에 따르도록 하는 곳에 불과하다"며, 앞으로 이삼십 년 내에 하나의 중앙집권적인 세계정부가 등장할 것으로 보지는 않는다고 하였다.

하지만 이런 세계정부 부정론에도 불구하고, 이미 국가의 많은 권한들이 세계기구로 넘어가기 시작하였으며, 세계정부는 충분히 가능하다는 견해도 강하게 제기된다. 거기에는 경제적 합리성과 정치적 이유가 모두 있다.

경제적으로 볼 때, 전세계적인 자유무역이야말로 모든 국가에 혜택을 가져다주는 win-win 게임이다. 그리고 눈에 안 보이는 무역장벽을 철폐하는 일에 공동의 협력을 기울여야 한다. 국가간 무역이 활발해짐에 따라 단일화폐(예, Euro화)가 필요해진다. 식품분류법이나 노동법 등도 전지구적인 규칙이 적용되어야 한다. 어린이에 대한 노동 착취도 금지되어야 한다.

국가간 경제적 의존이 심화되어 전쟁의 위험도 줄어든다. 경제적 통합은 결국 자연스럽게 정치적 통합으로 이어진다. 환경문제나 기후변화, 테러리즘 등 초국가적으로 대처해야 할 문제들이 증가하는 것도 정치적 통합을 부추길 것이다.(Write, 2000)

세계정부가 형성되기 이전에 지구는 몇 개의 큰 블록으로 먼저 재편될 것이란 견해가 있다. 조지 오웰의 공상과학 소설 「1984」는 세계가 유라시아(Eurasia), 오세아니아(Oceania), 극동(Eastasia)으로 나뉜다고 상상하였다. 이러한 상상 때문이 아니더라도 현재의 세계는 유럽연합국(EU), 북아메리카 자유무역협정국(NAFTA), 아시아 국가들로 재편되어 가고 있는 것이 사실이다. 이러한 지역기구들이 하나로 협력할 때 비로소 세계정부(World Government)가 등장한다는 것이다. 그러나 세계정부는 현존하는 WTO, IMF, UN 등과 같이 관료제적인 조직이나 기구가 아니라 세계를 실질적으로 통치할 수 있는(world governance) 전혀 새로운 존재일 것이란 예측이 제기된다.(Knoke, 1996: pp.252-281)

3. 다층적 국가관리체제론(multi-level governance)

지금까지 마이크로 국가론과 세계정부론을 각각 살펴보았다. 상충되는 두 견해 중 어느 것이 더 설득력이 있는가? 세계는 소규모 국가체제로 가는가 아니면 하나의 세계정부로 통합될 것인가?

아마 이 두 가지 경향이 동시에 나타난다고 보는 것이 더 타당할 것 같다. 실질적으로 세계를 이끌어 나갈 세계정부가 생긴다면 굳이 규모가 큰 국가가 필요하지 않기 때문이다. 반대로, 작은 국가들이 많이 생겨난다면, 결국 이들의 이해관계를 조절해 주고 전 지구적인 문제를 해결해 줄 세계정부가 필요하게 될 것이다.

이처럼 마이크로 국가화와 세계정부화가 동시에 추진된다고 보는 견해를 다층적 국가관리체제론(miltiebenenregulation)이라고 하는데, 그 내용을 조금 더 살펴보자.

"헬드(D. Held)와 벡(U. Beck)에 따르면, 영토적 주권에 바탕을 둔 국제적 국가체제는 이제 퇴조하며, 그것은 국제 사회의 초국적 구조로 바뀐다. 바로 이러한 관점에서 그들은 '정치적 세계화'에 눈을 돌린다. 이들은 오늘날 제반 문제들이 전지구적으로 착종되어 있으며, 따라서 이를 단순히 탈국가화된 경제의 문제로 환원시킬 수 없다고 본다. 그러므로 이제 정책결정의 국제화, 국내 구조에 대한 국제법의 영향력, 글로벌 문화 등에 더 많은 관심을 기울일 필요가 있다. 이들은 또한 산업 생산의 부산물로 환경문제, 이민문제, 남과 북의 빈곤격차, 글로벌 도시, 여성문제, 아동노동 등 세계적 해결을 기다리는 문제영역들에 대한 관심을 촉구한다."

(안병영, 2000)[6]

21세기 용어 설명) 국경과 국가

국경(frontier)

민주주의가 존재하기 위한 조건인 국경은 자국민과 시민과 외국인을 구분하는 기준이며, 영토가 없으면 민주주의는 존재할 수 없다. 원칙적으로 국경없는 민주주의란 없는 것이다.

하지만 상품과 자본, 사람과 정보에서 국경은 더 이상 의미가 없다. 나라(nations)는 더 이상 아무 의미 없는 국경으로 정의될 수 없다.

앞으로는 여러 공동체에 속할 권리, 다중 투표권, 다중 국적을 인정하면서 국경 없는 국가를 건설하는 법을 터득해야 할 것이다. 국경은 더 이상 권리를 지닌 사람과 권리가 없는 사람을 구분하는 선이 되지 못한다.

반대로 살아 있는 자와 그렇지 않은 자, 실제와 가상현실, 사람과 인조인간 사이에는 새로운 경계선이 형성되며, 우리는 이 경계선을 뛰어 넘지 말아야 한다는 의무를 갖게 될 것이다. (아탈리, 21세기 사전)

국가(states)

가장 선진화되고 초현대화된 나라에서는, 국가 조직이 기술 혁명과 시장의 세계화로부터 영향을 받아 거의 비물질화, 가상화될

---

6) 안병영 교수는 21세기의 국가 유형에 관한 논란을 다음과 같은 네 가지로 파악한다: 최소국가론, 경쟁국가론, 조정국가론, 그리고 다층적 국정관리체제론이 그것들이다.

것이다. 선진화의 정도가 이보다 못한 다른 나라에서는 국가 조직과 국력이 강화될 것이다. 가난한 신생국가는 자신을 보호하는 제국의 뒤에 숨고자 할 것이다.

물론 시장은 정부로부터 주권의 여러 상징적 요소를 앗아갈 것이다. 가까운 미래에는 통화(currencies)를, 더 먼 미래에는 시민권을 빼앗아 갈 것이다. 과학 기술이 발달하여 보건과 교육은 민영화될 것이다. 일부 국가에서는 정부 부처가 민간 분야와 경쟁관계인 표준개발청으로 변모하기도 할 것이다(뉴질랜드에서는 이미 그렇게 되었다). 국가는 공동체에 대한 소속감을 더 이상 주지 못하며, 사회 통합 기능도 하지 못할 것이다. 또 시민을 만드는 능력마저 상실할 것이다. 심지어 정보에 대한 헛된 기대보다는 수천 개의 TV 채널과 프로그램 도서관에 파묻혀 볼거리의 거짓 현실을 더 선호하는 국민에게 국가는 더 이상 자기 관점을 알리지조차 못할 것이다. 더군다나 법보다 권리가 우세해지면서 개인의 자율성은 거의 무제한으로 확대될 것이다.

여러 나라는 갈수록 제약이 많아지는 동맹 네트워크(또는 세계정부)에 매이게 되며, 지정학적인 상황이 국가에 미치는 영향은 대폭 축소될 것이다. …… (아탈리, 21세기 사전)

제2편

정보화 시대의 정치와 민주주의

앞의 제1편에서는 정보화 시대의 다양한 모습들을 그려 보았다. 기술 발전의 미래, e-people, 가상공동체, 그리고 국가의 미래를 논의하였다.

본 제2편에서는 정보화 시대의 민주주의를 살펴보고자 한다. 우선, 다음 제6장에서는 전자민주주의의 등장과 그들의 특징을 설명한다. 제7장에서는 전자민주주의가 정치철학과 민주주의 발전 역사 속에서 갖는 의의를 살펴본다. 제8장에서는 전자민주주의의 앞날을 논의하는데, 이를 위한 규범적 분석(normative analysis)이 전개된다.

제6장
전자민주주의의 등장과 그 특성

1. 서론

한국 전자민주주의의 제1막 제1장은 2000년 1월 12일에 총선시민연대의 홈페이지(www.ngokorea.org)로부터 열린다. 이들이 펼친 제16대 국회의원선거 낙천운동은 국민들의 많은 호응을 얻었을 뿐 아니라, 총선시민연대가 낙천대상자를 인터넷 공간에 발표한 것은 기성 언론매체를 우회통과(bypass)하였다는 점에서 큰 의의를 가졌다.

신문과 방송 등 기성 언론매체들은 총선시민연대의 낙천대상자 명단을 발표하기를 꺼려하였고, 실제로 발표하지도 않았다. 당시의 선거법에 의해 언론의 선거운동 참여가 금지되어 있었고, 자칫 명단 포함자의 명예훼손 시비가 뒤따를 것이었기 때문이다. 이런 상황에서, 예전 같으면 총선시민연대의 낙천운동은 한낱 일과성 운동으로 끝나기 십상이었다. 언론이 협조하지 않는 가운데 총선시민연대가 할 수 있는 일이라고는 길거리에 전단을 뿌리는 정도였을 것이다. 그러나 2000년에는 인터넷이 있었다. 총선시민연대의 낙천대상자 명단은 그들의 홈페이지에 올랐고, 수많은 시민들이 그 정보를 받아보기 위해 접속했다. 너무 많은 사람들이 한꺼번에 접속을 시도하여 잘 연결되지 않기까지 했다. 직장과 사무실에는 다운로드받아 인쇄한 낙천대상자 명단이 죽 돌아다녔다.

한국의 정치는 국민들로부터 상당한 불신을 받고 있다. 이런 불신의 주역이 국회의원들이다. 1996년에 한국갤럽조사연구소가 실시한 「직업인들에 대한 윤리수준 평가」 조사에 의하면, 국회의원에 대하여 긍정적으로 평가하는 시민이 100명 중 8명도 안 된다. 조사대상이 된 직업인들 중 가장 윤리적 수준이 낮은 것으로 응답된 사람들이 바로 국민의 대표인 국회의원들이다.[7] 그런데 이런

---

7) 직업인들에 대한 윤리수준 평가

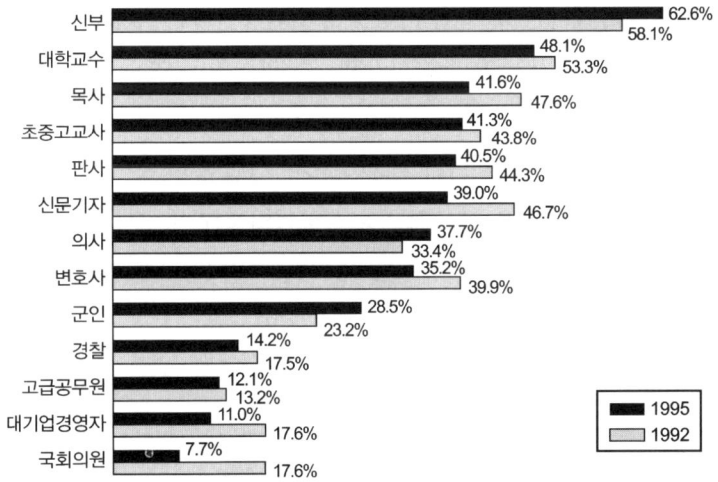

주: 복수응답, 긍정적 평가의 %
자료: 한국갤럽조사연구소, 1996.

불신 집단이 정당의 공천을 받아 국회의원 후보로 재등장하는 과정에 국민이 개입할 여지가 전혀 없었다. 전과자도 공천되고, 탈세자도 공천된다. 기타 사회적으로 지탄받아 마땅한 일을 한 사람들도 몇몇 사람에게만 잘 보이면 공천을 받는다.

국민들의 정치불신은 고조되었다. 총선시민연대의 낙천대상자 명단 발표, 중앙선거관리위원회의 후보자 전과 사항 일부 공개(www.nec.go.kr, 2000년 4월 6일), 그리고 국회의원들의 납세 실적 발표 등은 정치에 혐오하던 시민들의 관심을 끌었다. 2000년 1월 12일부터 4월 13일까지의 기간 동안 총선시민연대의 홈페이지를 방문한 사람은 무려 90만 명에 달했다. 중앙선거관리위원회가 인터넷을 통해 후보자 전과 사항을 발표하자, 공개 두 시간 만에 4천여 명이 접속하였고, 이런 접속 러시는 며칠 동안 계속되었다.

1990년대의 관점으로 볼 때, 선진 외국에서나 있을 법한 일이 한국에서도 벌어진 것이다. 시민들이 인터넷이라는 새로운 매체를 통해서, 공동의 욕구를 표출시키고, 또 그것을 공동의 요구로 발전시켜 나간 것이다. 사실 총선시민연대의 낙천낙선운동은 결사체 민주주의와 전자민주주의가 성공적으로 결합한 경우이다(임혁백, 2000). 어쩌면 이것은 예외적으로 성공적인 사례일 수도 있다. 하지만 이 사례는 한국정치에서도 디지털 혁명이 미래학적 논의가 아니라 현실이 되었음을 알리는 이정표이다.

총선시민연대의 낙천운동은 이 땅에서 최초로 움튼 전자민주주의의 첫 싹이라 할 것이다. 이런 첫 싹이 트기까지 많은 준비작업과 시도가 있었다. 민주화와 정보화라는 토양 개척 작업이 있었고, 또 전자민주주의를 위한 수많은 사전 노력들이 씨앗으로 그 토양

위에 뿌려졌었다. 외국으로부터 알려진 전자민주주의 사례들은 이 땅의 개척자들에게 희망과 기대를 제공해 주었다.

혹자는 이제 움터오는 전자민주주의의 새싹을 보고, 고대 아테네식 직접민주주의 시대가 도래할 날이 멀지 않았다고 호들갑을 떨기도 한다. 클릭하는 손끝 하나로 누구나 정치에 참여할 수 있게 되고, 또 혐오스럽기만 하던 정치가 곧바로 우리에게 봉사하는 정치로 바뀔 것처럼 낙관한다.

이러한 낙관은 상당 부분 실현될 것이다. 장기간으로 갈수록 더욱 그럴 것이다. 그러나 전자민주주의의 현황은 아직도 제1막 제1장에 있다. 그것은 한국 뿐 아니라 미국이나 다른 외국의 경우도 마찬가지다. 따라서 앞으로 전자민주주의가 어떻게 전개될 것인지 아무도 모른다. 현실과 과거에 대한 주의 깊은 성찰만이 미래를 짐작케 할 수 있을 뿐이다.

따라서 본 장에서는 태동기에 있는 전자민주주의의 사례와 특징을 살펴보도록 한다. 우선 전자민주주의가 가장 먼저 태동한 미국의 사례를 살펴보고, 다음으로 한국의 전자민주주의 현황을 논의한다.

다음 장에서는 전자민주주의의 의의를 좀더 깊이 있게 이해하기 위하여 민주주의 발전 역사 속에서 전자민주주의가 차지하는 의의를 논의한다.

가장 많이 애용되는 인터넷 검색엔진 중 하나인 Yahoo를 이용하여 전자민주주의 관련 사이트를 검색하면 엄청나게 많은 검색 사례가 발견된다. 검색 조건을 'electronic democracy'로 했을 때 약 70만 건이 발견되고, 검색 조건을 cyber democracy로 했을 때는 약

12만 건이 검색된다(1998.12.20). 물론 이런 검색 사례가 모두 의미 있는 것은 아니다. Yahoo는 검색로봇(robot)을 시켜서 기계적으로 데이터베이스를 만들었기 때문에 어떤 사이트가 과연 의미가 있는가는 아직 연구자들이 일일이 검증을 해주어야 한다.[8]

전자민주주의에 관심을 갖고 분석하는 사람들이 주요 사례로 지목하는 것들을 중심으로 전자민주주의의 등장 양태를 살펴보도록 하자. 그리고 이런 사례들의 숫자가 워낙 많기 때문에 유형화(classification) 작업이 필요하다.

다음 제2절에서는 전자민주주의의 등장 상황을 미국, 세계, 그리고 한국의 순서대로 설명한다. 제3절에서는 다양한 전자민주주의 사례들을 체계적으로 분류할 수 있는 유형화 작업을 모색한다. 제4절에서는 유형별로 미국과 한국의 전자민주주의의 사례들을 좀더 자세히 살펴본다.

2. 초창기 전자민주주의 등장

(1) 미국의 경우

Bowen 법안

1993년 캘리포니아 주의 초선의원 보웬(Debra Bowen)은 "주 정부 및 주 의회가 생산하는 각종 정보의 처리에 연 5천만 달러 이

---

8) 미래형 로봇은 무쇠로 만든 기계가 아니고, 프로그램으로 짜여진 무형의 로봇일 가능성이 더 많다.

상 지출하고 있는데, 이 정보를 시민들이 직접 검색할 수 있도록 하자"는 법안을 제시하였다. 즉, 의원들이 접하는 정보를 일반 시민들도 무료로, 똑같은 내용을, 동시에 접할 수 있도록 정부 정보 사이트를 개방하자는 것이다.

그러나 이 제안에 대해 의회에서는 찬반 양론이 있었다. 찬성하는 측은 자유로운 정보 이용은 당연한 추세라는 주장인 반면, 반대하는 측은 정부의 정보를 가지고 이윤을 남길 수도 있으므로 완전 개방은 불가하다는 주장이었다.

보웬은 스탠포드 대학교에서 컴퓨터 과학을 가르치는 짐 와렌 (Jim Warren)에게 도움을 청하였다. 그는 1976부터 온라인 BBS를 운영해오던 제1세대 사이버 스페이스 이용자였다. 보웬은 BBS를 통해 이 제안의 중요성을 알리고, 공감하는 사람들은 일종의 정치적 행위에 동참할 것을 호소하였다. 그의 호소는 나뭇가지처럼 엮어져 있는 통신 연결망을 타고 퍼졌고, 오래지 않아 주의회 사무처에는 보웬 법안의 지지를 표명하는 전화, 팩스, 전자우편 등이 쏟아져 들어오기 시작했다.

마침내 이 법안은 단 한 표의 반대도 없이 의회를 통과하였고, 1994년 1월에 의회정보 서비스가 개시되자마자 처음 3주일 안에 11만 건이 넘는 접속 실적을 보였다.(Browning, 1996: pp.16-20)

Home School 지지자의 사이버 시위

1994년 미국 연방 하원의회는 "모든 교사는 자격증을 얻어야 한다"는 지극히 당연해보이는 법 수정안을 처리하려고 하였다. 예상되는 투표는 찬성 424표에 반대 1표로 통과에 아무 문제가 없어 보였다.

하지만 이 소식을 접한 홈 스쿨(Home School, 자녀를 학교에 보내지 않고 부모가 집에서 직접 가르쳐서 학교과정을 마치게 하는 제도) 부모들은 이 수정안이 홈 스쿨을 근본적으로 제약할 요소가 있음을 알게 되었다. 이 부모들은 자녀 교육에 대한 열성과 교육 수준이 높지만 전국에 산재되어 있어서, 어떤 모임이나 단체를 만들지도 않았다. 하지만 이들은 이메일을 사용할 줄 아는 부모들이었다.

이들 부모들은 전자우편을 통해 수정안의 위험성에 대해 토론하고 정보를 주고받고, 또 다른 사람들과도 교신하였다. 단기간 내에 수백, 수천 통의 전자교신이 일어나고, 학부모들은 컴퓨터 네트워크를 정치적 도구(political tool)로 활용하기 시작했다. 머지 않아 의사당에는 편지, 팩스, 전화가 쇄도하였고 결국 의사당 전화교환기가 작동을 멈추는 상황에까지 이르게 되었다.

결국 홈 스쿨 학부모들은 승리자가 되었다.(Grossman, 1995: pp.145-146)

페로 모형과 새로운 선거전

1992년에 실시된 미국 대통령 선거에서 가장 특징적인 사건은 로스 페로(Ross Perot)라는 제3의 인물이 대통령후보로 출마한 것이다. 페로는 유수한 전자정보처리회사(EDS)의 회장으로서 선거운동 당시 '전자주민회의'(Electronic Town Hall Meeting)를 주장하였다. 그의 전자주민회의 주장은 21세기 미국 민주주의의 미래에 대한 논쟁을 촉발시켰다.(원성묵, 1997: p.3)

선거전 당시 페로는 민주주의의 첫 번째 원칙, 즉 "시민에게로 돌아가자"는 공약을 펼쳤다. 그는 시민들에게 정치적 의사결정권을 돌려주어야 한다고 주장하며, 그렇게 하기 위해서는 주요 공공문제에 대한 시민들의 공감대 형성이 필요하고, 또 이를 실현하기 위해 정기적으로 전자주민회의를 개최하겠다고 약속하였다. 그는 전자통신네트워크를 이용한 국민투표를 자주 실시하겠으며, 직접 민주주의적인 국민투표가 대의제 기관인 의회를 대체해 나가야 한다고 주장하였다.[9]

그의 대중적 인기몰이는 비록 대통령 당선에는 실패하였지만, 유권자 투표의 20%를 획득하는 놀라운 결과를 가져 왔다.

페로의 등장 및 온라인 이용자의 급증이란 변화에 부응하여 1994년의 미국 총선에서는 후보들이 인터넷을 유효한 선거운동 도구로 인식하고 사용하기 시작했다. 1996년의 대통령 선거에서는 1992년 당시 페로의 경쟁자였던 클린턴(Clinton)이 오히려 온라인 선거전을 펼쳐 재선되는 데 도움을 받았다.

대중 민주주의(mass democracy) 사회에서는 필수불가결했던 대의제 간접민주주의도 정보통신기술의 발전에 따라 일부 수정되기 시작했다. 1994년 미국 하원의원 선거 당시부터 본격화된 전자 선거본부의 등장 이후, 미국의 선거 캠페인에서 네티즌(netizen)을 얼

---

9) 페로가 전자주민회의라는 공약을 가지고 센세이션을 불러 일으켰던 것은 틀림 없다. 그러나 페로는 TV 시사토론 진행자인 래리 킹(Larry King)과의 대화에서, 전자주민회의에 대한 언급은 아주 간단하게만 한다. 그의 주된 관심사는 정부의 비용을 어떻게 절감하느냐 하는 데 집중되어 있었다. 킹과의 대화를 기준으로 하여 볼 때, 전자민주주의는 페로의 우선적인 관심 대상이 아니었던 것 같다.(King, 1998: pp.39-44)

마나 수용할 수 있느냐가 중요한 관건이 되기 시작했다.

THOMAS

미국 건국의 아버지들 중 아테네식 직접민주주의의 이상을 가지고 있던 토마스 제퍼슨(Thomas Jefferson)의 정신을 기리기 위하여 만들어진 미국의회 도서관의 정보시스템 THOMAS는 네트워크 상에 가장 인기 있는 정치 데이터베이스 사이트가 되고 있다.(http://thomas.loc.gov)

이곳에 접속하면 ① 상하원에 상정된 모든 버전의 법안들 전문을 찾아 볼 수 있고, ② 상하 양원의 의회 기록 전문을 검색할 수 있다. 그리고 ③ House Gopher를 접속하면, 의원들과 위원회에 관한 정보 목록을 찾을 수 있고, 위원회의 개최 일정, 공청회 일정 등을 알아 볼 수 있다. ④ Senate Gopher 역시 비슷한 역할을 한다. ⑤ 의원들의 전자우편 주소를 일람할 수 있음은 물론이다.

이 사이트는 또 C-SPAN(Cable-Satellite Public Affairs Network)의 방영 스케줄도 상세히 실려 있다. C-SPAN은 의회 사무처 직원들에 의해서 제작되고 방영되는 의정 전문 케이블 방송이다.

THOMAS의 모든 정보들은 키워드 등으로 손쉽게 찾을 수 있도록 구성되어 있다. 키워드에 의해 검색된 법안 목록들은 입력된 키워드와 법안 간의 연관도 순서에 따라 나열되어진다. 즉, 연관성이 높은 법안이 목록의 위쪽에 놓이고, 연관도에 따라 내림차순으로 목록이 정렬되는 형식을 취한다.

초기의 MN-Politics

미국의 미네소타 전자민주주의 프로젝트는 미네소타 주의 지역정치, 공공정책에 관련된 정보를 공유하고 시민들 사이의 토론을 끌어가려는 의도로 운영되고 있다(http://www.edemocracy.org). 전자메일과 WWW에 기반을 두고 두 가지 포럼 형태로 운영되는 이 프로젝트에서 참여자들은 미네소타 지역 내의 정치단체 및 시민단체들의 견해, 공공정책과 입법관련 정보 등을 얻게 된다. 그뿐 아니라 지역정치와 관련된 적극적인 의사교환과 토론을 통해 지역사회의 문제들에 관심을 갖고 참여할 기회를 제공한다.

원래 이 프로젝트는 1994년 11월의 미네소타 주 선거와 관련해 후보자들에 대한 정보를 제공하려는 의도로 시작되었으나 시민들의 호응에 힘입어 후보자들 간의 인터넷 논쟁을 조직하는 것으로 발전했다. 진행 과정은 논쟁을 주최하는 측에서 MN-POLITICS 이용자들의 정치토론 기록에서 뽑은 세 가지 질문을 후보자들에게 던져 답변을 듣고, 당일 오후에 각 후보자들이 상대 후보의 견해에 반박을 써 올리는 식이었다. 후보자들 간의 토론 내용은 다시 일반 시민들에게 공개되었으며, 시민들은 각 후보자들의 견해에 대한 질문을 제시하거나 시민들 간의 토론을 조직하였다.

다만 이 당시의 기술 수준에 따른 제약 때문에 후보자 간의 토론이 실시간으로 중계되지 못하고, 시민들의 의견 또한 즉시 반영되지는 못하였다. 그러나 새로운 형식의 정치 참여 가능성이 열리게 되자, 이에 대한 반응은 예상 외로 컸었다.

1994년의 성공에 힘입어 1996년 미네소타 주 상원의원 후보자들 간의 논쟁도 전자 매체를 이용하게 되었다. 이 때는 지역 내의 시민단체와 언론기관 등의 적극적인 지지 하에 미네소타 주민회의(Minnesota Town Hall)라는 이름으로 진행되었다. 특히 WWW를 통해 보다 풍부한 정보를 제공함과 동시에 후보자들과의 직접적인 질문-대답 형식의 토론이 진행되면서 일반 시민들이 후보자들과 가까워지고 시민들의 참여 역시 증가하였다.(권태환, 조형제 편, 1997: pp.159-160)

MN-POLITICS는 전자우편주소를 기본 단위로 하여 운영되며, 약 1,000개의 리스트가 활발하게 작동하고 있다. 그러나 몇몇 소수가 의사진행을 지배하지 못하도록 일인당 하루에 두 번까지만 의견을 개진할 수 있도록 한다.(http://www.freenet.msp.mn.us)

MN-POLITICS는 이 운동에 열심이었던 프로레슬러 출신 벤투라가 미네소타의 주지사로 당선되자 더욱 유명해졌다.

VTW(Voters Telecommunications Watch)

뉴욕 시에 살고 있는 젊은 컴퓨터 프로그래머 세프다(Safdar)는 사이버 공간을 공공 목적에 사용할 수 있는 새로운 방법을 찾아내었다. 그는 Voters Telecommunications Watch라는 조직을 혼자서 설립하여 직접적이고, 즉시적이며, 결정적인 정보들을 사람들에게 전달하고 있다.

VTW는 시민들의 사이버 사용권리에 초점을 맞춰 활동하는 가상단체로서, 여기서는 의원들의 활동을 일일이 점수표(scoreboard)로 환산하여 게시한다. 이 점수표는 워싱턴의 로비스트들조차 베껴서 사용한다. VTW 이후 다른 단체에서도 의원 점수표를 활용하는 사례가 많아졌다(예, Vote Smart 등).

그는 사이버 시위도 벌였다. 네트워크 검열 법안이 제기되자 이에 항의하기 위해 웹 페이지를 검은 색으로 바꾸어 게재하는 'Net Day of Protest'를 시도하여 많은 호응을 얻은 적도 있다.

이 조직은 어떠한 재단이나 정부기관으로부터도 재정지원을 받지 않는다. 그들이 거절하였던 것이다. 이 조직을 진정한 풀뿌리 민주조직으로 유지하기 위해서였다. 세프다와 그의 동료들은 인터넷 사회에 영향을 미치는 정치 행위들을 포착하여 가상 사회에다 경보를 발령하고, 또 기성 대중 언론 매체에 정보를 제공하기도 하는 등 일련의 정치활동을 계속하였다. 그러나 지금은 서비스가 중단된 상태이다.

(2) 세계 각국의 경우

- 캐나다의 노바 스코시아 자유당은 1992년에 대의민주주의 사상 최초로 전화를 이용한 직접민주주의를 실현하였다. 즉, 당원들에게 비밀번호를 주고 전화를 이용하여 전자투표를 실시하였다. 7,000명이 넘는 노바 스코시아 당원들이 이 방법을 이용하여 당수를 선출하였다.(유석진, 1997: p.10)

- 1994년 뉴 멕시코는 노바 스코시아 자유당의 경우와 유사한 방법으로 부재자 투표를 실시하여 지방관리를 선출하였다.

- 호주의 한 지방정부는 정책배심원제(policy juries)를 실시하고 있다. 1992년에 형성된 이 배심원제는 정부의 시책에 대하여 주민들이 직접 승인 여부를 전자우편으로 판정하도록 한다.

- 하와이의 호놀룰루 시는 전자청문회(electronic hearing)를 만들어 운영하고 있다.

- 아예 전자정당을 만든 곳도 있다.(Reform Party of Canada)

- 스웨덴, 뉴질랜드(CyberNZ), 영국(Parliament Beware), 그리고 덴마크(Direkt-Democracy) 등의 국가에서는 사이버 시민정치단체 등이 결성되고 있다.(Tann+2)

(3) 한국의 태동기 전자민주주의

1996년 7월 5일자 국내의 한 일간지는 여의도의 정보화에 대하여 다음과 같이 특필하고 있다. "여의도에 정보화 바람이 불고 있다. 15대 국회가 시작되자마자 의원들이 정보화에 대한 연구를 시작하겠다며 국회에 등록한 연구회는 5개이다. 21세기 가상정보가치 연구회, 전자민주주의연구회, 정보통신연구회, 과학기술연구회 등……."(조선일보, 1996.7.6.)

이중에서 전자민주주의연구회는 후일 사이버파티(cyber party)의 결성으로 이어지며, 국제의원연맹(IPU) 회의 개최 시에 전자민주주의 박람회까지 개최하게 된다. 이른바 전자민주주의가 한국에서도 싹을 틔우는 계기가 되었다.

한국에서 PC통신이 처음 보급된 것은 1985년 10월 데이콤이 날씨 관련 생활 정보를 제공한 것이었고, PC통신을 처음으로 정치적 목적으로 시작한 것은 1992년 11월에 민자당이 하이텔에 '민자당 포럼'을 개설한 사례이다(한국전산원, 1997: p.v). 이 포럼은 '헌 술을 새 부대에 담는 유형'으로서 정치토론보다는 홍보 위주로 운영되었다.

전자통신매체를 이용한 정치는 선거운동에 가장 민감하게 반응한다. 최근 집권당이었던 신한국당은 대통령후보 경선에 PC통신 유세를 할 수 있도록 하였다(1997년 7월 15일 발표). 이러한 조치는 유언비어와 상대방에 대한 비방이 여과 없이 유통될 것을 염려하여 계속 미루어져 왔지만, 이제는 우리 사회도 성숙의 초입에 도달하였고, 또 고비용 정치관행을 타파해야 한다는 사회적 요구에도 부합하기 때문에 당연히 이루어져야 할 조치였다.

우리나라 초기(1998년 이전)의 전자민주주의 시도들을 살펴보면 다음과 같다.(참고로 태동기 사례들 중 활동이 중단된 것들이 많지만, 기록을 남겨둔다는 차원에서 그들을 소개하고자 한다.)

Cyber Party (또는 Net21)

신한국당의 강경식 의원과 새정치국민회의의 김민석 의원은 "전자민주주의연구회"를 결성하고, 그 노력의 결과로서 1996년 7월에 사이버파티를 구축한다. 인터넷에 http://cyberparty.or.kr로 등록되어 있고, PC통신에서는 Net21로 명명되어 있다.

여기에는 여야 국회의원 30여 명이 참석하고 있으며, 일반 시민 20여 명도 등록되어 있다. 운영은 기본적으로 자원봉사자를 활용하고 있으며, 사무국장을 두고 있다.

사이버파티는 정책입법 청문회, 아크로폴리스 광장, 정치유머, 토론해봅시다, 토론실, 전자회의실, 여론조사, 자료실, 전자메일 등의 서비스를 제공하고 있다. 그리고 매월 1회 뉴스레터를 출간

하고 있다. 물론 전자출판으로 다운로드받아서 구독할 수 있다. 이밖에 사이버파티는 '국회의원과의 온라인토론' 등 다양한 행사를 제공한다.

1997년 정기국회 때는 시민들로 하여금 국정질의 의견을 받아 관련 의원들이 국회에서 질의토록 하는 방안을 모색했다. 국민의 의견이 국정에 반영되는 통로가 부족하다는 판단 하에, 시민들이 온라인으로 제기한 문제들을 국회전자민주주의 소속 의원실에서 바로 접수하여 반영토록 하겠다는 취지였다. 사이버파티는 2000년 11월 현재까지도 운영되고 있다.

여성정당 CyTy

한국여성정치연구소는 1996년 11월에 인터넷 가상 여성정당 페미넷을 출범시켰다(http://www.feminet.or.kr). 현실정치에서 소외되어 온 여성들끼리 국정 및 의정활동을 감시하고 사회적 이슈에 대한 성명서 채택과 서명운동을 가상 공간상에서 수행한다는 것이 목표다.

이 페미넷 상에 사이버파티의 약자인 CyTy라는 이름으로 정당을 창당시켰는데, 창당 1개월만에 수천 명의 젊은 여성당원을 확보하였다 한다. 특히 1997년에는 여성의 권익을 향상시켜 주는 대통령 후보를 당선시키자는 슬로건 하에 후보들 각자의 여성정책을 비교 평가한 후 다음과 같이 종합 평가함으로써 예전에 볼 수 없었던 정책이슈화의 수준을 높였다.

"(여성정책에 대하여) 이회창 후보는 원칙론을 맴도는 수준에 그쳤

으며, 구체적인 실천방안에 매우 말을 아꼈으며, 야권의 김대중, 김종
필 후보는 이회창 후보보다는 구체적이고 적극적인 공약을 제시했다.”

(http://www.feminet.or.kr/party/policy2.htm)

전자국회

사이버파티가 구축되는 비슷한 시기에 PC통신 하이텔에 전자
국회(GO KEDI)가 출범했다. 이 모임은 여론조사망인 폴넷과 PP_
정치광장을 비롯한 7개 정치관련 네트워크를 운영해온 정치평화
연구소에 의해 탄생하였다.

아고라 광장

(주)바른정보는 1993년에 “참세상”이라는 아고라 광장을 01410
통신망상에 개설하였다. 이곳에는 현재 1만여 명의 개인회원과 시
민단체가 모여 새로운 민주주의를 꾸려가고 있다. 정치 뿐 아니라
사회 문화적인 문제들도 심도 있게 토론된다.

1998년 이후 “참세상”은 사회진보운동 포털사이트 “진보네트워
크”(http://www. jinbo.net)로 개편되어, 민주노총, 민주노동당 등에
독립적인 인터넷 인프라를 지원하는 한편, 참세상 BBS, 노동·학
생·인권 네트워크 등을 종합하는 진보적 정치참여 공간으로 발
전하고 있다.

정보연대 SING

정보연대는 정보를 권력으로부터 공개하여 누구나 쉽게 접근할
수 있는 네트워크 세계를 만들어보자는 취지로 출발하였다. 40여
명의 회원들과 함께 인터넷 전자우편을 이용해 국내외 시민들과

사회적 이슈에 대한 공감대를 형성하는 데 노력하고 있다. 그들은 인터넷과 PC통신을 통해 표현의 자유찾기운동, 노동법개정반대, 북한주민돕기 캠페인 등을 펼쳤다.

진보정치를 표방하는 얼터너티브

"진보정치를 표방하는 얼터너티브"는 진보정치, 인권, 문화, 그리고 통신문화공동체 등을 강조하는 그야말로 대안적인 정치방향을 모색하고 있다.(http://www.alt.or.kr)

PCVOTE

PCVOTE는 1997년 11월초에 우리 나라 최초로 대통령 후보들과 실시간으로 사이버 토론회를 가졌다. 각 후보별로 약 500여 건씩의 질의가 쇄도하였다.

YMCA의 시민정치네트워크

선거관련 정치 네트워크로는 YMCA의 시민정치네트워크를 빼놓을 수 없다(http://cpnet.ymca.or.kr). 여기서는 서울공명선거대책협의회의 활동을 소개하고, TV토론시민평가위원회, 시청자시민운동본부 등을 운영하고 있다.

풀뿌리 민주주의

1997년에 설립된 유니텔의 "풀뿌리 민주주의"는 순수한 동호회로서, 정치관련 문제에 대한 토론과 각종 자료를 제공한다. 회원수는 많지 않으나 현재까지 지속적인 활동을 전개하고 있다. 이 모임의 운영자들은 이따금 회원들이 직접 만나서 토론할 자리를 만들고 있으나, 이런 대면적 모임에 참석하는 사람은 적은 편이다.

전자민주주의에 관한 학술연구단체

전자민주주의를 학술적으로 연구하기 위한 모임으로 전자민주주의연구원(http://www.democracy.or.kr)이 있다. 이 연구원은 전자민주주의에 대한 국제적인 학술세미나를 개최하기도 하였다.

1997년 11월에는 신문방송학회 산하에 있던 연구모임이 사이버커뮤니케이션 학회로 독립, 창설되었다. 이 학회는 언론학자 뿐 아니라, 사회, 정치, 경제, 행정, 법 등 다양한 학문분야를 망라하고자 한다.

한국정치학회와 한국행정학회는 산하에 각각 전자민주주의연구회와 전자정부연구회를 신설하여 운영하고 있다.

이밖에 개인들도 전자민주주의의 연구와 보급에 나서고 있다. 일례로 박석규란 정치학도는 스스로 전자민주주의정보광장을 꾸미면서 정치학 관련 사이트, 전세계 정당의 홈페이지 링크, 사이버 가상투표, 에세이 등을 서비스하였다.(http://interpia.net/~politics: 활동을 중단하였음.)

3. 전자민주주의의 확대와 유형화의 필요성

앞 절에서는 전자민주주의가 태동하던 초기의 사례들을 살펴보았다. 그런데 이런 사례들은 시간이 지남에 따라 급속히 증가하고 있다. 이처럼 기하급수적으로 증가하는 사례들은 너무 다양해서, 이들을 효율적으로 설명하기가 어렵다. 따라서 문제를 단순화시킬 기준이 필요한데, 이를 위해서는 유형화(classification) 작업이 요구된다.

다양한 전자민주주의에 대한 유형화 및 분류 작업은 이러한 검색의 효율성을 높여 줄 것이다. 즉, 전자민주주의의 특성을 세분화하는 한편 공통적인 요소를 중심으로 집단화함으로써 이 낯선 현상의 특성을 더욱 부각시킬 수 있기 때문이다.

하지만 전자민주주의의 경우 아직 발생 초기에 있기 때문에 다수의 공인을 받은 유형이란 것이 아직 없다. 따라서 다음에 시도되는 유형화 역시 임시적이고, 어느 정도 자의적일 수밖에 없음을 유의하여야 한다.

지금까지 전자민주주의의 유형화 방법에 관해 발표된 의견은 대략 세 가지이다. 이들 모두 아직 초보적인 단계이지만, 전자민주주의 역시 아직 태동기이므로 충분히 유용한 정보를 제공해 주고 있다.

(1) 커뮤니케이션 방식에 따른 분류

권태환, 조형제(1997)는 전자민주주의 사이트들이 주로 사용하고 있는 커뮤니케이션 방식에 따라 이들을 분류할 것을 제안한다. 즉, 정보제공형, 투표형, 대화형 등으로 다양한 전자민주주의를 유형화하자는 것이다.

1) 정보제공형 전자민주주의

이 유형은 정치관련 정보의 효과적인 전달에 목적을 두고 있으며, 주로 일방향적 정보 전달에 치중한다. 초기의 인터넷 정보전달 형태이며, 대다수의 정부기관, 정치조직, 비영리조직 등 기성 조직 및 단체에서 많이 사용한다.

2) 투표형 전자민주주의

투표형은 시민의 정치참여방식에서 가장 핵심적인 수단인 투표행위를 온라인화하여 일상적인 정책관련 의사결정에 시민들이 직접 참여할 수 있도록 한다. 그렇게 함으로써 정치적 결정과정의 대표성과 반응성을 높이고자 한다. 투표형 전자민주주의는 제한된 범위의 쌍방향적 커뮤니케이션 방법을 사용하고 있다.

3) 대화형 전자민주주의

한편 대화형 전자민주주의는 토론을 통한 여론수렴을 중요시한다. 시민과 정치지도자 그리고 시민들 사이의 쌍방향 또는 다방향적 커뮤니케이션을 활성화시킴으로써 민주주의를 고양하려는 움직임이다. 정보통신기술의 발전 방향은 바로 이런 것이다. 그러나 대화형 전자민주주의는 유지 관리하기가 어려우며, 언뜻 보이는 장점만큼 숨겨져 있는 단점도 크다. 쌍방향적 의사소통 기술을 통해 정치지도자들과 직접 대화할 수 있다지만, 정치지도자들은 실질적인 정책활동보다는 이미지 제고에 더 주력할 수 있다. 시민들 간의 의사소통도 활성화시킨다지만, 사이버 공간에서 시민들의 토론은 대부분 익명으로 이루어지고 있다. 이런 익명성(anonymity)

은 정치토론의 진지성과 책임성에 배치되는 측면이 있다.

(2) 기능에 따른 유형화

전자민주주의는 기능별로 ① 재택투표, ② 전자주민회의, ③ 전자 여론수렴, ④ 전자 의정보고 등으로 분류할 수 있다.

1) 재택투표(voting from home)

최근 퓨처리스트(Futurist)라는 저널에 의하면 2019년까지 전세계 고용근로자의 80%가 재택근무할 확률이 56%라고 한다. 이러한 추세가 진행되면 재택투표도 머지 않은 장래에 실현화될 수 있을 것으로 보인다. 하지만 당분간은 모든 주민/시민이 정보통신기술의 사용할 것을 기대하기 어렵기 때문에 재택투표의 보편화는 다소 많은 시간이 필요하다.

2) 전자주민회의(electronic town meeting)

전자주민회의는 매우 적극적으로 추진되고 있다. 전자네트워크를 통한 토론이 자칫 회화화될 수 있는 데 반하여 전자주민회의는 어느 정도의 책임성이 수반되기 때문에 점잖고 품위 있는 정치에 있어 일반 토론방보다 한 걸음 앞서 있다.

3) 토론을 통한 전자 여론수렴(deliverative polling)

기존의 여론조사를 통한 여론 파악과 수렴은 일방향적이었고, 실시간적이지 못하였다. 이런 문제점을 보완하기 위해 텍사스 대학의 피쉬킨(Fishikin) 교수는 선발된 시민들을 한 장소에 불러 모아 2~3일 간 정치 현안에 대한 집중 토론을 벌임으로써 진정한 여론의 향배를 파악하고 있다.

그러나 전자 네트워크를 이용하면 많은 사람들을 한 자리에 불러 모을 필요가 없다. 전자토론을 통한 쌍방향적 전자 여론수렴(deliberative polling)은 다수對다수의 수평적 토론을 가능하게 해준다. 그리고 실시간으로 반복되는 토론과 그것의 집계, 신속한 피드백 등을 통해 여론 수렴 과정을 고도화한다.

4) 전자 의정보고(targeted mailing)

이것은 현재 가장 많이 사용되고 있다. 앞에서 예로 든 정부(중앙 및 지방), 의회, 의원들이 인터넷 홈페이지를 만들어 타겟 집단에 대해 전자적으로(targeted electronic mailing) 홍보하는 것이다. 미래 사회에는 누가 어떤 의정활동을 하느냐, 어떤 정책정강을 내놓느냐 하는 전통적인 문제보다 적절한 전자주소를 누가 더 많이 확보하느냐의 문제가 훨씬 더 중요해진다.(Michell, 1995: p.78)

(3) 정치과정별 유형화

앞에 살펴 본 바와 같이 신흥 전자민주주의를 유형화하는 많은 방법이 다 가능하고, 이들은 저마다 장단점이 있다. 그러나 본 연구는 전자민주주의의 참뜻이 시민의 직접적인 정치 참여에 있음을 강조하고, 정치에 참여하는 당사자 및 기관과 과정을 중심으로 유형을 구성하고자 한다.

1) 전자정부

기존 정치 조직이 전자화되는 경우이다. 정치조직체라 함은 다양하게 많겠지만 그 중에서도 여기에는 백악관, 청와대 등 행정부의 전자화, 즉 전자정부가 중요하다. 전자정부가 구축되면, 시민들은 굳이 의회나 기타 압력단체를 통하지 않고, 직접 정부의 운영과 방침, 결정에 대한 자신들의 의견을 개진할 수 있기 때문이다.

행정부가 시민서비스를 위해 개설하는 정보통신 네트워크, 그리고 인터넷 홈페이지의 개설 등은 시민에 대한 ① 정보 서비스 제공, ② one-stop민원서비스 지향, ③ 정책결정에 대한 시민 의견의 반영 등을 위해 구축된다. 현재 각국 정부의 중앙정부와 지방정부들이 앞다투어 전자정부를 구성해 나가고 있다.

2) 전자의회

전자의회에는 ① 기존 정당의 홈페이지 개설, ② 순수하게 사이버 공간 상에서 새로 결성되는 가상정당(virtual party), 그리고 ③ 전자주민회의(electronic townhall meeting) 및 ④ 재택투표 장치 등이 있다. 가상정당의 대표적인 사례로는 캐나다의 Nova Scotia 자유당 등이 있다. 전자주민회의는 특히 ETM이라고 하여 지방자치화가 잘 되어 있는 미국을 중심으로 급속히 증가하고 있다.

3) 전자압력단체

가상공동체를 통한 참여정치는 크게 두 가지로 나누어 볼 수 있다. 하나는 비록 사이버 공간 속이기는 하나, 어떤 조직체가 항상 존재하여 늘 사회적 이슈를 토의하고 있다가 필요 시 정치활동을 하는 형태가 있다. 일종의 종합 가상 정치조직인 셈이다. 두 번째로는 평소에는 전혀 조직화되어 있지 않으나, 어떤 특정 단일 주제(single-issue)에 공감을 하는 사람들이 정치활동의 필요에 따라 행동하는 형태이다.

4) 전자 시민운동

인간이 사회적 동물인만큼 가상 세계에도 정치활동이 없을 수 없다. 정보통신기술의 발전에 힘입어 기존의 정치가 새로운 커뮤니케이션 기법을 활용하게 된다. 그러나 더욱 중요한 현상은 예전에는 정치활동을 하지 않았던 사람들이 통신기술 발전에 따른 정치 참여 비용의 감소에 힘입어 새로운 정치 참여의 장을 열어 가게 된다는 점이다.

즉, 예전에는 정치적으로 공동의 관심사 또는 이해관계를 갖고 있는 사람들이 널리 산재되어 있어서, 정치에 참여할 만큼 조직화되기 어려웠다. 그러나 BBS 등을 통한 느슨한 네트워크 조직이 가능해지자 공동의 관심사를 갖는 사람들이 컴퓨터 네트워크 상에서 시민정치조직을 구성하기 쉽게 되었다. 가상시민운동단체(virtual political activism group)라고 명명할 수 있는 이 집단들은 공동의 이슈가 생기면 모였다가, 그것이 끝나면 순식간에 흩어져 버릴 수 있는 전혀 새로운 정치조직으로 기능하기 시작했다. 사이버 공간을 정치의 장으로 활용하는 것이다.

이런 시민운동 단체들은 얼마든지 많이 생겨나고, 또 없어질 수 있지만 가장 널리 이름이 알려진 그룹들은 다음과 같다. 이들의 구체적인 활동내역과 방법은 다음 장에서 별도로 사례 분석된다.

〈표 6-1〉 대표적인 가상 시민운동 단체들

단체명	WWW 주소
Electronic Frontier Canada	insight.mcmaster.ca/org/efc/
Center for Democracy and Technology	cdt.org
Computer Professionals for Social Responsibility	cpsr.org
Electronic Frontier Foundation	eff.org
National Public Telecomputing Network	nptn.org
OMB Watch	ombwatch.org
Voter's Telecommunication Watch	vtw.org

자료: Doheny-Farina, 1996.

5) 여론 조사 활동

앞의 여러 가지 유형에 포함되지 않는 전자민주주의의 사례들 중 정치관련 여론 조사를 주된 활동으로 하는 단체들이 많다. 이들은 정치적 '행동'(action)보다는 여론의 움직임을 파악하는 데 주력한다. 그리고 사람들에게 토론의 장을 열어 주는 것을 주된 목표로 삼는다.

정보화 사회에서의 여론 조사는 그 기술적 장점을 활용한 대화형(interactive) 또는 토론형(deliverative) 여론 조사인 경우가 많다.

4. 최근의 전자민주주의 사례들

전자민주주의의 범주에 포함되는 사례들은 많다. 그리고 이들은 끊임없이 생성, 진화, 소멸된다. 이들 중 중요한 사례들만 발췌하여, 미국과 한국으로 나누어 살펴보자.

(1) 미국의 경우

firstgov.gov

2000년 9월 미국 연방정부는 주정부 및 지방정부를 포함한 2만여 개의 정부 홈페이지들을 통합한 http://firstgov.gov를 개통하였다. 이 사이트는 종합 홈페이지라는 단순한 의미뿐만 아니라 인터넷으로 얻을 수 있는 모든 연방정부의 각종 서비스와 자료를 '원스톱 쇼핑' 방식으로 제공한다. 여기에는 주택 및 연료절약형 자동차 구매에서부터 연금 제도와 재정의 효율적인 투자 방안 등이 포함된다.

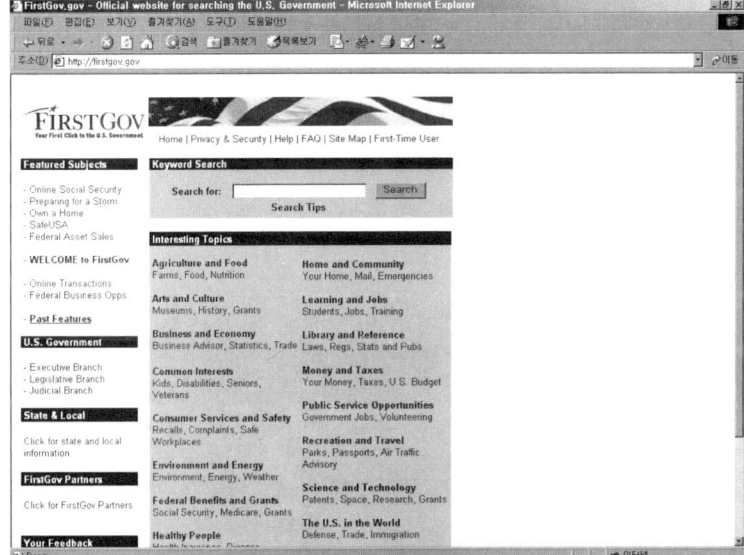

〈그림〉 firstgov.gov 홈페이지

백악관

1992년 클린턴 대통령이 처음 취임했을 때 백악관의 컴퓨터 통신 시스템은 당시 고등학교의 시설만도 못하였다. 그러나 2년 후 개설된 Welcome to the White House(http://www.whitehouse.gov)는 가장 모범적인 정부 사이트로 평가받게 되었다. 고어 부통령이 중심이 된 정보초고속도로 팀이 이 사이트를 개발하였으며, 고어는 이것을 정부의 행정 능률을 배가시키는 정부 재창조 운동의 시발로 삼고자 하였다.

이 사이트에는 대통령, 부통령, 그리고 가족들의 스케줄은 물론 정책 설명서, 연설문, 사진, 언론 브리핑 원고, 그리고 약 3천 건이 넘는 정부문서 전문이 담겨 있다.

또 이 사이트는 행정 각 부처와 수많은 독립기관들의 개별 사이트로 연결되는 통로 역할을 수행하고 있어서, 웬만한 행정부처는 백악관 사이트를 통해서 접속이 쉽도록 구성되어 있다. 뿐만 아니라 '백악관의 가상도서관'을 들르면 외교 정책, 환경 정책, 농업 정책, 중소기업 창업 지원 정책 등 온갖 정책 문제에 관한 정보를 얻을 수 있다.

이처럼 가장 모범적이고 서비스 정신에 투철한 정보 사이트를 구성하자, 개설 이후 18개월 만에 방문자 수가 500만 명에 달하였고, 전자 방명록에 서명한 사람 수는 20만 명을 넘게 되었다. 그럼에도 시스템 관리자들은 이 사이트가 어린이들이 사용하기에 너무 어렵다며 'White House for Kids'란을 추가하였다. 여기서는 아이들이 직접 대통령, 부통령, 그리고 그 부인들에게 이메일을 보내라고 독려하고 있다.(Bowen, 1996: pp.143-145)

매케인 후보(mccain2000.com)

2000년도 미국 대통령 선거는 일찍부터 민주당의 고어 후보와 공화당의 부시 후보가 격돌할 것으로 예견되었다. 그러나 후보지명을 위한 최초의 예비선거인 뉴햄프셔 예비선거에서 매케인 후보가 부시 후보를 이기는 이변이 일어났다. 뉴햄프셔는 부시 일가의 뒷마당이나 다름 없는데도 말이다.

매케인은 전형적인 정치인과는 거리가 멀다. 흔히 이권이 거래되는 대형 파티에도 잘 나타나지 않고, 립 서비스도 하지 않는다. 그래서 그는 로비스트들로부터 인기가 없다. 부시 후보가 로비스트로부터 받은 선거용 기부금이 52만 달러인데 반하여 매케인은 11만 달러에 그치고 있다.

하지만 그는 디지털 네트워크가 갖고 있는 이점을 최대한 활용한다. 그는 인터넷을 통해 일주일 만에 220만 달러의 선거 기부금을 모았는데 그것은 부시 후보보다 열 배나 많은 것이었다.(유민호 외, 2000: pp.27-34)

매케인은 유권자와 직접 대화(Straight Talk Express)하는 것을 중요한 정치수단으로 삼았으며, 그의 홈페이지가 바로 대화와 정치의 창구였다.

EFF

'인터넷의 음유시인'이라고 불리는 존 페리 발로우(John Perry Barlow) 등이 설립한 EFF(Electronic Freedom Frontier)는 사이버 공간의 확대와 자유로운 통신 이념을 구현하기 위해 활발한 정치활동을 펼친다. 이 단체는 미국의 FBI가 'Sun Devil 작전'을 통해 해커를 체포하기 시작하자 인터넷 상에서 표현의 자유가 심각하게 훼손될 것을 경고하였다. 이들은 자유통신의 이상을 위해서는 어떠한 정치활동이라도 전개할 준비가 되어 있다. 해커급 전문가들의 모임이라 할 수 있는 EFF는 특히 깅그리치(Gingrich)의 시민 자유주의(civil libertarianism) 등을 후원하고 있다.10) 그러나 이들은 보수-진보 어느 쪽에 속하기보다는 차라리 무정부주의에 더 가깝다고 보여진다.

De-Foley-Ate Congress

워싱턴 주의 하트만(Hartman)이란 젊은 컴퓨터 소프트웨어 엔지니어는 1994년 당시 자신의 지역구 의원이자 민주당 하원 대변인이던 폴리(Foley) 의원의 활동이 마음에 들지 않았다. 그래서 그는 BBS에 폴리를 반대하는 의견을 여러 차례 게재하였는데, 그때마다 공감을 표시하는 네티즌들을 많이 만났다.

마침내 이들은 정치활동위원회(political action committee, PAC)를 개설하였다. 그들의 위원회 이름이 De-Foley-Ate Congress(폴리를 몰아내자)였다.

이들의 운동은 많은 호응을 얻었고 폴리는 정당 대변인으로서는 100년 만에 처음으로 자신의 지역구에서 낙선한 사람이 되었다.(Browning, 1996: pp.22-24)

---

10) 깅그리치 의원은 "국민 모두에게 노트북 컴퓨터를 무료로 제공하자"는 제안을 하는 등 미국 정보화에 앞장 섰다. 민주당에 고어가 있다면 공화당에 깅그리치가 있다고 할 정도이다. 그러나 그는 1998년의 클린턴 성추문 스캔들을 공격하는 선봉에 섰다가, '개인적인 이유'로 정계은퇴를 하였다.

De-Foley-Ate는 비록 부정적인 선거 운동이었지만, 최초로 가상공간에 설립한 합법적인 정치활동단체(PAC)였다. 이 가상 PAC는 모금 활동도 하였고, 정치 정보도 제공하였으며, 이 모형을 본 뜨는 사례들이 증가하고 있는 추세이다.

The Vote Smart Web

1992년에 설립된 비영리조직인 Project Vote Smart는 정치인들에 대한 객관적이고 공정한 정보와 대통령 선거, 정치적 이슈, 민간단체, 그리고 각종 자료들에 대한 데이터베이스를 구축하여 서비스를 제공하고 있다.(http://www.vote-smart.org)

선거가 없는 해에는 선출된 정치인들을 모니터링할 수 있도록 유권자들을 지원하는 데 중점을 두며, 중요한 법안에 대한 의회의 활동을 매일 파악하여 제공한다. 이 프로젝트는 회원들의 회비와 각종 재단으로부터의 지원으로 운영되며, 공정을 유지하기 위해 정부나 이익집단으로부터의 일체 자금지원을 받지 않는다.(권태환, 조형제 편, 1997: pp.157-158)

Vote Link

Vote Link는 다양한 정책 이슈에 대해서 네티즌으로 하여금 의견을 찬반 투표로 표시하도록 한다. 의견표시가 이루어지면, 다른 투표자들의 응답 결과를 간단한 집계표로서 열람할 수 있게 한다. 그 다음 접속자들의 의견을 자유롭게 개진하고, 다른 사람들과 토론도 할 수 있게 해준다.

Votelink는 정책이슈들을 세계문제, 정치문제, 경제문제, 그리고 특별히 논란이 되고 있는 문제들로 나누어 접속자들에게 제시하고 있다. 1997년 11월의 정치관련 이슈로는 다음과 같은 것들이 투표 및 토론대상으로 제시되어 있었다.(http://www.votelink.com)

① 인터넷 사용에 요금을 부과해야 하는가?
② 미국이 UN을 돕기 위해 몇 십억 달러씩 지출할 필요가 있는가?
③ 미국의 의원들은 재임에 아무런 제약이 없었는데, 앞으로는 연임회수를 제한해야 하지 않은가?

Votelink는 청소년들이 인터넷의 주요 이용자임을 감안하여, 이들도 투표를 실시할 수 있도록 별도의 방을 마련하여 두고 있다. 청소년들이 현실 세계에서는 투표권이 없지만, 사이버 세계에서는 참정권을 우대받고 있다.

calvoter.org

캘리포니아 유권자 재단(CVF)은 선거자금 모니터링을 주로 하는 시민단체이다. 이들은 돈 안 드는 정치를 지향하며, 캘리포니아 정치인들이 모금하고, 지출하는 돈의 명세서를 아주 세부적인 데까지 파악하여 인터넷에 공개한다.

물론 이 단체는 다른 정치 관련 정보와 선거 가이드 등의 서비스도 제공하지만, 가장 큰 특징은 정치자금에 관한 한 독보적인 정보 제공에 있다.

1999년도 정치/법률 부문 Webby Award를 수상했다. 이 상은

전문가와 이용자들이 매년 선정하는데, 이 부문의 1997년 수상자
는 CNN이 운영하는 www.allpolitics.com이었고, 1998년 수상자는
www.hotwired.com/netizen이었다.(최용성, 1999: pp.133-141)

vote.com

워싱턴의 선거전략 전문가인 모리스(Dick Morris)가 설립한 여
론조사 겸 압력단체 겸 상업 사이트이다. 모리스는 1996년 미국
대통령 선거에서 클린턴 진영의 선거전략팀장이었을 뿐 아니라
수많은 정치인들을 지원해 주는 선거운동 전문가이다. 그는 다년
간의 경험에 비추어볼 때, "정치인들보다는 유권자를 더 신뢰하게
되었다"고 한다.[11]

이 사이트가 다른 여론조사 사이트와 다른 점은 여론조사 결과
를 해당 정치인이나 기관에 전달한 후 그들의 반응을 참여자들에
게 피드백시켜 준다는 점이다. 기술적으로는 쌍방향(interactive) 의
사전달 창구를 맡고 있는 셈이며, 내용적으로는 시민을 대변하는
로비스트의 역할을 자처하고 있는 것이다.(http://www.vote.com)

Reinventing America

1990년대 들어와 전세계적으로 행정부를 개혁해야 한다는 운동
이 일어나고 있다. 그러나 정부개혁이란 것은 그 동안 너무 많이

---

11) 1998년 미국의 클린턴 대통령은 모니카 르윈스키와의 스캔들이 폭로되자 전
략참모인 모리스를 불렀다. 모리스는 "국민들은 대통령의 불륜에 대해 별로
신경을 쓰지 않는다. 시간이 지나면 잊혀질 문제이니까 부정하는 게 좋겠다"
고 답했다. 후일 클린턴 대통령을 거짓말쟁이로 만든 것은 바로 딕 모리스라
는 소문이 워싱턴 정가에 퍼졌다.(유민호 외, 2000: p.203)

해왔는데 모두 실효가 없었으므로 개선, 개혁으로는 문제를 풀 수 없고 아예 정부를 재창조해 버리자는 주장이 제기되었다(Osborne and Gaebler, 1992). 이 주장은 많은 호응을 얻어서 고어 부통령이 주도해서 작성한 「국가성과평가서」(NPR, National Performance Review)의 발표로까지 이어졌다.

이러한 시대적 요청에 부응하여 일단의 연구자들은 Reinventing America라는 '예산게임'을 실시하였다(http://www.pathfinder.com). 이 모임은 비록 게임이란 형태를 취하기는 하였지만, 예산이 실제 의사당에서 심의되고 있는 것처럼 수많은 자료와 상이한 정당간 입장, 그리고 언론 등의 평가까지 고려한 대단히 정교한 의견집약 장치가 되었다. 각종 자료의 제시, 검토, 토론, 피드백, 광범위한 시민참여가 6개월 간 계속된 후 이들이 도달한 '바람직한 예산안'을 짜게 된다. 그 다음 이들의 바람직한 예산과 실제 정부예산안을 비교하여 차이가 많이 나는 사안에 대해서는 정식으로 로비스트 등을 고용하여 예산수정운동을 벌여 나간다.

다음 〈표 6-2〉는 이들이 작성한 예산안과 정부안을 비교한 요약표이다. 이 표를 보면 전체적으로 예산을 10% 가량 삭감해야 하며, 특히 외교예산에 대한 양자 간의 차이가 큼을 알 수 있다. 또 이 표는 각 부문별 예산의 총액만 표시하고 있는데, 구체적인 개별 사업들에 대해서는 정부안과 예산게임안이 상당히 많은 차이를 보이고 있다. 이러한 차이점을 집중적인 토론 끝에 객관적인 수치로 발견해 내고 있는 것이야말로 전자민주주의를 통해 고급정치가 가능할 수 있다는 단초를 보여주고 있는 성공적인 사례라 할 것이다.

지출종류	Reinventing America의 예산안	대통령의실제 예산안
치안예산	20,260	21,820
환경예산	23,585	23,381
보건예산	262,664	302,685
복지예산	563,268	588,921
국방예산	239,403	311,733
외교예산	5,943	15,768
경제노동	32,318	66,423
과학예산	38,862	29,512
일반행정비	360,596	382,327
기타	3,840	3,985
총계	1,550,746	1,746,555

자료: http://www.pathfinder.com

(2) 한국의 경우

청와대(www.cwd.go.kr / www.bluehouse.go.kr)

한국 정부는 중앙집권적이다. 그래서 한국에서 전자민주주의가 실효를 가지려면 대통령과 대통령의 홈페이지를 통한 시민 참여가 필요할 것으로 예상된다.

청와대는 2000년에 '열린 청와대'를 지향하는 홈페이지를 개설하였다. 미국의 백악관 홈페이지와 달리 '청와대 캘린더', '대통령 경호실', '인터넷 신문고' 등 독특한 항목들도 포함되어 있다.

특히 '열린 청와대'에는 열린 마당(자유게시판, 대통령께 편지쓰기, 공지사항, 사용자 정보관리), 인터넷 신문고(민원신청, 부정

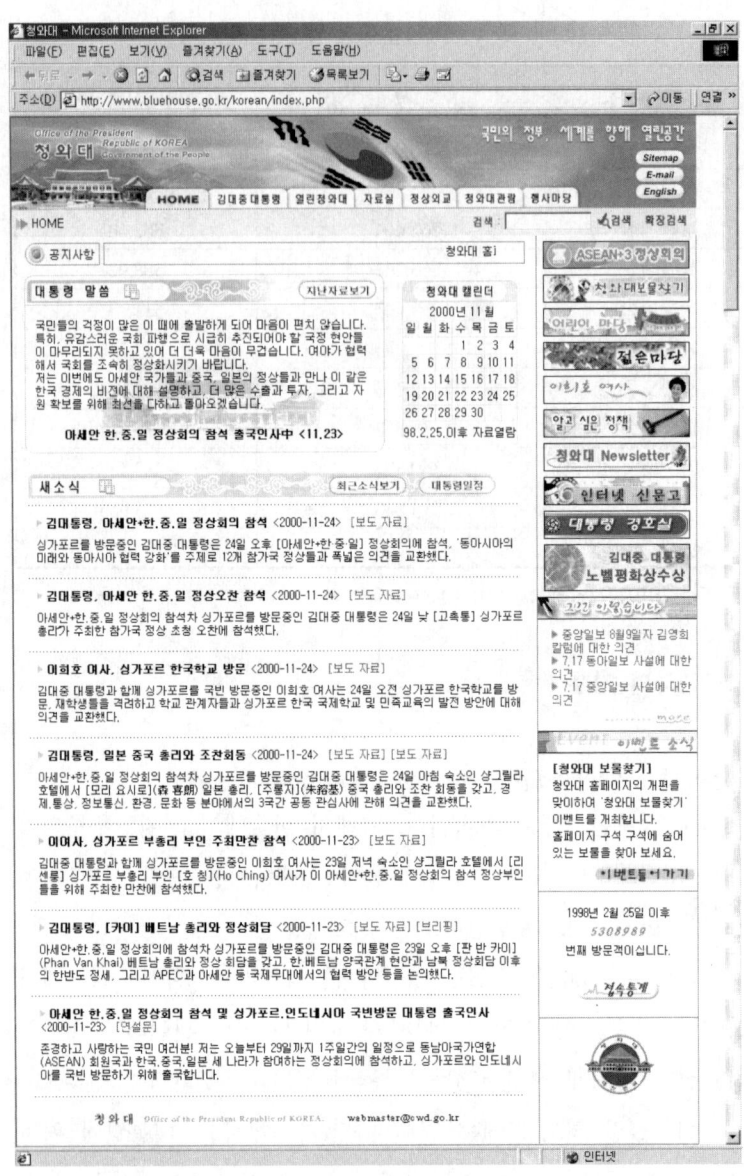

〈그림〉 청와대 홈페이지

부패고발, 미담소개, 토론광장, 도우미), 어린이 마당, 젊은 마당, 청와대 뉴스레터 등이 있다.

대통령에 관한 홍보가 가장 주된 정보이긴 하지만, 국민들이 대통령과 비서진에 대한 의견을 직접 개진할 수 있도록 하고 있다. 그런데 개진된 의견들이 국정에 어떻게 반영되고 있는지가 분명하지 않아서, 국민들의 카타르시스 차원에 머물러 있는 게 아닌가 싶다. 토론광장에 잠시 들러보는 구경꾼들은 많지만 정작 토론 주제도 다양하지 않고, 의견개진도 활발하지 않은 편이다.

'청와대'가 다른 정부기관으로 접속하는 게이트 역할도 해야 하는데, 청와대 자체의 홍보에 치중한 나머지, 정부조직에 링크하려면 먼저 자료실로 찾아 가야 하는 점이 어색하다. '청와대'에는 민원 또는 진정서 접수가 많을 것이므로, 이들의 처리와 관련된 통계 수치의 제공 등도 필요해 보인다.

정치인들의 홈페이지

한국의 정치인들은 1995년 경부터 인터넷에 개인 홈페이지를 개설하기 시작했다. 몇 년이 지난 현재, 대부분의 국회의원들이 홈페이지를 갖고 있다. 하지만 이들이 제공하는 정보는 자기홍보에 그치고 있고, 양방향 의사소통은 미약하다. 토론실도 개설은 되어 있으나 제 구실을 못한다.

이렇게 개설된 수많은 사이트들 중에서 그나마 낙제점을 면한 사례는 http://www.ijnet.or.kr, http://www.change.or.kr 정도에 불과하다고 한다.(유민호 외, 2000: pp.60-61) ngokorea.org

한국의 구태의연한 정치에 식상한 유권자들은 총선시민연대가
제16대 국회의원 낙천운동을 펼치자 열렬한 호응을 보냈다. 총선
시민연대는 제1, 2차에 걸쳐 공천받아서는 안 될 사람 114명의 명
단을 발표했다. 이 명단에 대해 기성의 방송들은 구체적인 보도를
하지 않았다. 그러나 수많은 시민들이 www.ngokorea.org에 접속하
였다. 구정치인의 퇴진과 참신한 신진정치에 대한 기대감을 간접
적으로 표시한 것이다.

그러나 시민단체의 낙천운동에 대한 기성 정당의 반응은 그렇
게 호의적이지 않았다. 새천년민주당의 경우 1차 공천자 166명 가
운데 낙천자 명단에 거론된 인사 34명을 포함시켰다. 한나라당과
자유민주연합의 반응은 더욱 냉담하였다. 이에 대해 시사평론지
한겨레21에서는 "낙천운동 물먹었다"고 평하기도 했다.

하지만 제16대 국회의원 선거 결과, 낙천 명단에 포함되었지만
공천을 받은 후보들 중 상당수가 당선에 실패하였다.(새천년민주
당 11명, 한나라당 3명, 자유민주연합 10명 등)

물론 총선시민연대의 낙천자 선정기준이 완벽하였던 것은 아니
다. 그리고 실제 정치에서 공천과 선거 및 당락에는 훨씬 더 복잡
한 요인들이 작용한다.

그러나 2000년 시민들의 낙천, 낙선 운동은 정치에 대한 시민
의 열망을 직접적으로 표현한 최초의 시도였고, 다른 한편으로는
통신 네트워크가 미래의 정치에 미칠 영향력을 예시적으로 보여
준 사건이었다. 총선 이후 총선시민연대는 해체되었지만, 이들의
홈페이지는 계속 남아 각종 시민운동 관련 정보를 내보내고 있다.

〈그림〉 총선연대 홈페이지

기타 새로 등장하는 사이트들

본 장(章)의 앞부분에서 초창기 한국의 전자민주주의 사례를 몇 가지 소개하였다. 그런데 몇 년이 지난 이 시점에서 볼 때, 초창기 사례들의 거의 대부분은 벌써 사라지고 없다. 그 동안에 소멸되거나 또는 진화하였기 때문이다.

그 대신 새로운 사이트들이 많이 생겨나고 있다. 정치인들에 대한 평가를 주식처럼 서로 사고팔 수 있는 '정치인 주식시장' 포스닥(http://www.posdaq.co.kr), 선거 참여를 목표로 하는 인터넷한국당(http://www.ikoreaparty.or.kr), 마쓰시다 정경숙같은 아카데미를 온라인 상에 구현하겠다는 PIBKOREA(http://www.pibkorea.co.kr) 등이 있다.(보다 자세한 사례들은 유민호 외, 2000: pp.62-81 참조)

5. 전자민주주의의 의의: 순기능과 역기능

이상에서 살펴본 다양한 전자민주주의의 사례들은 어떤 공통된 의의를 갖는가. 일반적인 차원에서부터 논의를 시작하자.

1) 전자민주주의의 등장은 시간과 공간의 제약 없이 시민들이 정치에 직접 참여하게 해준다. 시민 개개인의 의사는 정치인에게 직접 전달되고, 정치인의 행동과 결정은 시민들에 의해 직접 피드백을 받게 된다.

2) 다수 우중(愚衆)을 타겟으로 삼는 한 정치가 아니라 다품종 소량생산 방식의 '맞춤 정치' 시대를 열어 간다.

3) 금권과 결탁하는 소수비호형 정치는 쇠퇴해가고, 그 대신 창의력과 시민에 대한 부가가치 창출을 중요시하는 정치가 각광을 받게 된다.

4) 고비용 정치구조의 개혁은 지금은 TV 유세 등 low-tech 수준에서 논의되고 있으나, 앞으로는 정보통신 네트워크를 이용한 high-tech 도입/활용 수준에서 논의하게 될 것이다.

5) 무엇보다도 중요한 사실은 전자민주주의의 등장이 거역할 수 없는 시대적 흐름이란 점이다.

그러나 전자민주주의는 순기능뿐 아니라 역기능도 갖고 있는 매우 조심스러운 연구 대상이다. 현재까지 전자민주주의의 순기능과 역기능으로 지적되고 있는 사항들을 살펴보자.

(1) 순기능

전자민주주의의 대표적인 순기능으로는 ① 정치참여 과정의 직접화, ② 정치적 정보에 대한 접근을 용이하게 해준다는 점, 그리고 ③ 정치적 정당성의 확대와 통합능력 향상 등이 있다.(한국여성정치연구소, 1997: p.4)

재택선거, 전자청문회, 전자국회 등의 도입은 정치과정이나 정책결정과정에 대한 시민들의 직접적인 참여를 촉진시킬 수 있다. 전자민주주의 하에서는 시민들이 의원이나 대표자의 중재 없이도 직접 관련정책담당자들에게 접근할 수 있을 뿐만 아니라 신속한 정보의 교류와 시민네트워크의 형성을 통하여 시민들의 의견을 공론화하고 세력화할 수 있게 된다. 토플러는 이러한 현상을 준직접민주주의(semi-direct democracy)라고 부른다.(Toffler and Toffler, 1994: p.325)

정보통신기술의 활용은 정치적 정보에 대한 접근 용이성 및 정보를 수집, 검색, 분석하는 능력을 제고시킨다. 이로 인해 정치과정에 참여하는 시민이나 정치인들은 정책의제에 대해 보다 진지한 논의를 할 수 있게 되어 정책대안의 내용과 질을 향상시킬 수 있다.

정치적 정당성의 확대와 통합능력의 제고 또한 전자민주주의의 주요한 순기능이다. 정치참여과정의 직접화로 의사소통의 왜곡이나 지체, 오해 등을 미연에 방지하고 정보나 정책에 대한 이해력을 신장시킬 수 있기 때문이다.

(2) 역기능

　정보통신기술을 정치과정에 도입함으로서 다음과 같은 역기능이 초래될 수 있다. 즉, ① 정보의 독점과 조작의 부작용, ② 정치적 방관자 의식의 확산, ③ 사생활정보의 유출, ④ 정치의 연예화 촉진 등이 그것이다.(한국여성정치연구소, 1997: pp.4-5)

　정보통신망이나 정책관련 정보들은 소수의 정책결정자들에 의해 장악될 가능성이 있으며, 이에 따라 권력의 일방적인 비대화가 초래될 수 있다. 정보장치를 통해 권력은 더욱 집중화되어 가는 한편, 개인들의 사생활은 더욱 더 침해당할 가능성이 있다. 사회 구성원 개개인에 대한 정보가 누출됨으로써 개인의 인권이 위협을 받게 된다. 특히 간접민주주의에서는 보호되던 비밀투표에 의한 익명성이 전자민주주의 시대에서는 더 이상 보장받지 못할 수도 있다. 조지 오웰이 소설 『1984』에서 묘사한 137개의 감시기술 중 100개가 오늘날 실용 가능하다는 연구보고도 있다.(Daniel Bell의 주장에 근거하여 강정인, 1997: p.16에서 재인용)

　한편 정보공급의 과잉은 정보에 대한 이해력을 떨어뜨리고 어떤 정보가 정확한 정보인지에 대한 판단을 어렵게 만듦으로써 사이버 공간에 대한 참여 자체를 포기해 버리거나 잘못된 판단을 유도할 수 있다. 또 정치과정에 참여하고 있는 개인의 정보가 잘못 유통되는 경우 그 개인에 대한 그릇된 판단을 초래할 수도 있다.

　사이버스페이스는 기본적으로 무정부주의적이다. 국가나 지방 간의 경계가 있는 것도 아니고, 개인의 실명이 아니라 ID 또는 가

명으로 활동이 가능하다. 통제나 규범은 사이버 공간에 원초적으로 적합하지 않다. 네티즌들이 모두 무정부주의적이지는 않지만, 사이버 공간 자체는 무정부적으로 굴러간다(ANDY MAGAZINE, 1997: p.13). 무정부주의적 사이버 공간에서의 정치적 토론은 아테네의 아크로폴리스를 연상시키기도 하지만, 익명성 뒤에서 설파하는 주장들은 자신의 진정한 선호(true preference)를 위장한 것일 수도 있기에 일탈행위를 조장하기 쉽다.

정보의 부익부 빈익빈 현상에 따른 문제는 이미 이 분야의 고전적인 연구대상이 되어 버렸다. 정보통신기술의 발달로 정보에 대한 균등한 접근 기회가 보장된다고 하더라도 정보의 부익부 빈익빈 현상이 일어나고 이에 따라 기존의 사회경제적, 정치적 불평등을 심화시킬 수 있다.(Michell, 1995: p.85)

이밖에 정치의 대중조작과 연예화(演藝化)에 대한 경고도 유의하여야 한다(강정인, 1997: p.13 및 유석진, 1997: p.18). 사이버 공간의 화려한 영상과 음향들은 정치의 멀티미디어화를 촉진시킨다. 이미 TV 매체를 통해 가속화된 정치의 연예화가 사이버 공간 상에서는 더욱 더 가속화될 전망이다. 매스미디어 시대에는 정치의 연예화도 대중적, 획일적, 일방향적이었지만, 사이버 시대에는 정치의 연예화가 세대별, 계층별, 집단별로 세분화된(customized) 선전의 형태로 발전할 것이다.

규범적으로 볼 때 전자민주주의에는 순기능도 있고 역기능도 있을 수 있다. 그러면 이 두 기능 중 어느 쪽이 더 지배적인 기능(dominant function)일까? 이 질문에 대해서는 다음 장(章), '정치사상사의 측면에서 본 전자민주주의'에서 상세히 탐구된다.

6. 전자민주주의에 대한 현실적 평가

이상의 논의에서는 정보혁명에 따른 전자민주주의의 도래와 유형, 그리고 국내외 사례들을 살펴보았다. 전자민주주의 그 자체만 놓고 보면, 새로운 현상, 장차 성장할 분야, 그리고 정치 참여를 촉진하는 긍정적인 현상으로 평가될 수 있겠다. 하지만 전자민주주의에 대한 현실적인 평가는 어떠한가?

물론 먼 장래에 현재 상태를 평가한다면 원시적일 수밖에 없겠지만, 현재 상태에서 이제 막 싹트고 있는 전자민주주의에 대한 평가를 눈 여겨 볼 필요가 있다. 이런 평가가 향후 전자민주주의의 발전에 영향을 미치기 때문이다.

(1) 정치인들의 반응

제도권 정치는 먼저 행동(action)을 취하지 않고 나중에 반응(reaction)을 하는 법이다. 이런 성향은 전자민주주의에 대한 태도에서도 그대로 나타난다. 정보화 추진에 열성인 일부 의원들도 있지만, 대체로는 시대 변화의 흐름에 맞춰서 홈페이지도 개설하고, 전자우편도 개방한다.

인터넷 상에서 정치관련 홈페이지는 가장 빨리 성장하는 부문 중 하나이다. 인터넷 정치 컨설팅을 전문으로 하는 회사들까지도 생겨나고 있으며 홈페이지 없는 정치인이 없을 정도다. 사회가 그렇게 바뀌어 가기 때문에 의원들도 적극적으로 추진할 수밖에 없는 것이다.

하지만 의원들이 인터넷을 주민과 의견을 교환하는 적극적인 도구로 사용할까? 몇몇 예외를 제외하고는 그렇지 않은 것이 현재의 실정이다. 이 점은 한국 뿐 아니라 미국에서도 일반적인 현상이다. 워싱턴의 정치 기자인 브라우닝은 의원들이 현재의 전자민주주의를 "그렇게 중요하게 평가하고 있지 않다"고 관찰하고 있다. 여기에는 몇 가지 이유가 있을 수 있다.

첫째, 의원들은 현재 보좌관과 비서를 고용하고 있는데, 이런 인력으로는 급증하는 전자우편을 감당하기 힘들다.

둘째, 인터넷을 통해 미국 전역과 세계 각지에서 쏟아져 들어오는 의견들은 의원들의 고려 대상이 되기 어렵다. 의원들에게는 지역구 주민들의 반응이 가장 중요하기 때문이다.

셋째, 전자통신 매체를 이용한 정치 참여는 아직은 "자유로운 표현과 전달"이라는 이슈에만 한정되는 경우가 많다. 즉, 네티즌들은 통신자유 문제에 관해서는 적극적인 정치 참여를 하지만, 기타의 사안에 대해서는 그렇게 열성적이지 않다는 것이다.

이런 이유들 때문에 현재의 전자민주주의는 아직 고려할 만한 정도의 정치적 세력(political force)을 형성하지도 못하였고, 지금까지 그렇게 큰 승리를 거둔 사례도 없다고 평가받는다(Browning, 1996: p.16). 이런 평가에도 불구하고 전자민주주의의 장래에 대해서는 긍정적인 평가가 많은데, 이것은 전자민주주의가 악세사리로는 적격이라는 생각들을 가지고 있기 때문이다. 즉, 현재의 전자민주주의는 기성 민주주의의 악세사리 정도에 머무르며, 아직은 정치체제를 근본적으로 뒤바꿀 만한 시기가 도래하지 않은 것으로 인식되고 있는 것이다.

다음 〈표 6-3〉은 한국 국회의원들을 대상으로 한 설문조사 결과인데, 조사 내용은 정보화가 정치에 미칠 영향에 관한 그들의 의식에 관한 것이다. 이 조사에 의하면, 국회의원들은 정보화가 정치에 미치는 영향을 긍정적으로 보고 있다. 그렇지만 이들이 정보 네트워크를 적극적으로 활용하지는 않는 상황이다.

〈표 6-3〉 국회의원들의 정보화와 정치에 대한 의식

질문내용	적극 찬성	조금 찬성	그저 그럼	조금 부정	적극 부정
시민과의 직접 접촉이 증가한다	27.9	63.9	6.6	1.6	-
정책결정과정이 더욱 복잡해진다	8.1	37.1	19.4	35.5	-
시민들의 참여의식이 고취된다	14.8	54.1	22.9	8.2	-
정치인과 정당의 기능이 약화된다	6.5	22.6	25.8	41.9	3.2
활발한 토론과 타협 문화가 정착된다	27.4	56.5	12.9	3.2	-
정책결정에 시민의 영향력이 커진다	24.6	60.6	13.1	1.6	-
정보의 과부하로 시민들의 정치적 무력감과 방관자적 의식이 강화된다	4.8	19.4	29.0	46.8	-
정보에 대한 시민의 접근기회 증가	37.7	59.0	3.3	-	-
정책결정자들의 정보 조작이 쉬워진다	15.0	41.7	25.0	16.6	1.7
정치인의 능력보다 재치나 외모 같은 주변적 요인이 더 중요해진다	11.5	50.8	16.4	19.7	1.6
유권자들의 투표참여율이 높아진다	3.3	25.8	48.4	22.6	-

출처: 정무장관(1)실. 정보통신의 활성화를 위한 정치문화개혁방안(1996.12)
이용석, 1997: p.51에서 재인용.

(2) 시민들의 반응

미국을 위시한 정치 선진국 시민들 사이에 전자민주주의는 새로운 정치 참여의 도구로 인식되어 가고 있다. 그리고 이런 인식은 정치나 시민운동 관련 사이트에의 접속 회수의 증가, 의견 교환의 증가, 그리고 실질적인 정치 활동의 증가 등으로 표출된다.

이처럼 사이버 정치 공간이 양적으로 확대되어 갈 뿐 아니라, 시민들이 사이버 공간을 통해 정치에 참여했을 때 그야말로 벅찬 성취감(empowerment)을 느낄 정도로 발전하고 있다.

〈표 6-4〉는 GVU 센터의 인터넷 사용자 설문조사 결과이다. GVU 자료에 의하면, 피조사자인 인터넷 사용자들이 네트워크를 활용하기 시작하면서 정치문제에 더 많이 관여하게(involved) 되었다고 답하고 있다. 구체적으로 응답자의 44%가 네트워크 이용 이후 더 많이 정치문제에 관여하게 되었다고 답하고 있으며, 예전이나 별 차이 없다는 응답이 46%, 그리고 덜 관여하게 되었다는 응답은 1%에 불과하였다.(나머지 9%는 무응답)

〈표 6-4〉 인터넷 사용 후 정치문제에 더 관여하게 되었는가?

구 분	응답비율
예전보다 더 많이 관여하게 되었다.	44%
예전과 동일하게 관여한다.	46%
예전보다 덜 관여하게 되었다.	1%
무응답	9%

출처: GVU, 1997.4.

이런 단편적인 결과만 가지고 전자민주주의가 사람들의 정치 참여도를 향상시켰다고 단정적으로 말할 수는 없다. 하지만 전자민주주의는 분명 사람들의 정치참여 비용을 감소시키고 있으며, 이는 무시할 수 없는 중요 변수이다. 다만 그 참여의 효과가 언제

가시화되느냐 하는 것이 문제일 뿐이다.(Bonchek, 1997: p.76)

한국의 경우, 네티즌의 전자민주주의에 대한 반응을 조사한 객관적인 자료는 아직 없다. 사회가 아직 정보화 초입에 있기 때문에 전자민주주의도 초보적인 수준이고, 시민들의 참여도 또한 낮은 상태이다.

다만 다행인 것은, 한국에서도 사이버 공간 상에서 단일이슈 정치활동이 강화되고 있다는 점이다. 가장 대표적인 사례는 역시 2000년의 총선시민연대의 낙천낙선 운동, 그리고 선거법 제87조의 개정에 대한 시민들의 열렬한 호응이었다.

가상 시민정치운동 단체를 운영하는 사람들(on-line activists)이 유의하여야 할 점이 많다. 유명한 여류 신문기자이면서, 전자민주주의의 발전에 남다른 관심을 갖고 있는 브라우닝(G. Browning)의 조언을 들어 보자.

- 사실을 직접적으로 전달하라: 여러분이 업로드하는 내용들은 사실에 기초해야 하고, 정직하고 또 명확하게 전달해야 한다. 애매한 표현은 피하고 절대로 거짓말을 하면 안 된다. 특히, 급하지도 않은데, 속보(emergency message)라는 표현을 자주 써서는 안 된다.

- 전략을 먼저 세운 후 업로드하라: 초지일관해야 한다. 중간에 견해를 바꾸면 곤란해진다. 이렇게 하기 위해서는 처음부터 전략을 세운 다음 정치적 견해를 밝혀야 한다.

- 연구하고, 연구하고, 또 연구하라: 의회 정치 과정을 세밀히 알고 있어야 하며, 해당 사안과 관련된 인물들을 잘 연구하고 있어야 한다.

- 절대로 냉정을 잃지 말아라: 토론중에 절대로 흥분하지 말고, 또 남에게 상처를 줄 수 있는 용어를 사용하지 말아야 한다. 만약 반대파들이 거친 표현을 사용한다면 어떻게 해야 하는가? 그것은 그들의 문제다. 당신은 당신이 만들어내고 있는 이미지에만 책임이 있을 뿐이다.

● 다양한 통신 포맷을 사용해야 된다: WWW 사용자 뿐 아니라 FTP, Gopher, 그리고 PC통신 사용자들에게도 접근 가능해야 한다.

● 사건의 진행 과정을 계속 추적하라: 특히 정책제안의 경우, 담당자와 관련인들의 반응에 대한 정황을 계속해서 알려야 한다. 만약 의원들의 결정이 만족스러운 것이 아닐 경우에는 그 점을 솔직하게 업로드하고, 토론에 임하라.

● 지나침은 모자람만 못하다: 사람들에게 너무 지나친 행동을 계속 요구해서는 안 된다. 예를 들어, 크게 중요하지 않은 일에 사이버 시위를 계속 촉구한다든지 하면 신뢰를 잃게 된다.

● 현실 감각을 잃으면 안 된다: 사이버 공간상에서 제안된 사안이 정말 중요하다면 입법에 영향을 줄 수 있는 사람들을 직접 만나서(face-to-face) 일을 성사시키도록 해야 한다. 비록 이것이 사이버 공간에서의 작업은 아니지만 현실을 외면해서는 안 된다.(Browning, 1997: pp.56-61. 그녀의 이 책은 재활용된 종이로 인쇄되고 있으며, 이 책에 수록된 내용들은 그녀의 홈페이지에서 계속 업데이트되고 있다.)

제7장

정치사상사의 관점에서 본 전자민주주의

1. 서론

정보화 시대의 민주주의 또는 전자민주주의는 이제 막 싹이 트고 있는 새로운 현상이다. 그러므로 전자민주주의에 대한 논의는 주로 사례 소개와 그것들이 갖는, 아니 좀더 정확하게 표현하자면, 그것들이 장차 갖게 될지도 모르는 의의를 논하는 것에 그친다. 앞의 제6장의 내용이 바로 그런 것이다.

그러나 민주주의는 오랜 기간 동안 이론과 사상과 역사와 제도를 통해 발전해온 것이지 대가 없이 주어진 것이 아니다. 전자민주주의가 아무리 새로운 개념이라 해도 그것이 민주주의의 사상과 역사와 연맥되지 못한다면, 그것은 뿌리 없는 돌연변이에 지나지 않게 된다. 그리고 그것의 앞날에 대한 전망도 할 수 없게 된다. 본 장에서는 특히, 민주주의 사상의 역사를 재검토함으로써 전자민주주의가 갖는 의의를 재음미해 보고자 한다.

이제 막 태동하는 전자민주주의에 대하여 정치사상적 의의를 탐구한다는 것이 어찌 보면 시기 상조일 수도 있다. 게다가 전자민주주의에 무슨 사상이 있는가 싶기도 하다. 하지만 인간은 민주주의와 관련된 풍부한 지적 자산을 가지고 있으며, 전자민주주의가 이런 지적 자산을 도외시하고 세워질 수는 없는 것이다. 이런 사상사적 맥락을 살펴보기 위해, 몇 가지 극단적이라 할 수 있는 비교들로부터 논의를 시작하자.

"새로운 정치적 장치가 미래에는 모든 사람에게 접근될 수 있고, 완전히 명료해지며, 변화에 개방적이라고 가정한다."

이 진술은 언뜻 보기에도 전자민주주의에 관련된 표현처럼 보인다. 그러나 이것은 전자민주주의와 가장 관계가 적을 것 같은 정치사상가 마르크스가 바람직하게 생각하는 정치에 대한 기본 가정이다.(헬드, 1987: p.154)

"주의 깊은 판단, 어려운 결정, 인기 없는 선택, 즐겁지 않은 진리는 반드시 사라지고 만다."

이것은 플라톤의 불멸의 저서 『국가론』(The Republic)에 나오는 말이다. 여기서 비판하고 있는 제도는 전자민주주의 옹호론자들이 단골처럼 찬양하며 민주주의의 미래상으로 제시하고 있는 '아테네의 직접민주주의'이다. 민주주의 정치 사상의 역사를 도외시하면, 우리는 지난 2,400년 동안 축적되어 온 직접민주주의에 대한 문제점을 무시하는 우를 범하게 된다.

"유권자들은 대의원들이 해야 할 일에 대해서, 그들에게 알려 주려는 노력을 중지해야만 할 뿐 아니라 그들의 판단에 영향을 주는 어떠한 시도, 즉 예를 들면, 편지와 전보로 대의원들을 공격하는 행위도 마땅히 금지되어야 한다."

오늘날 e-people들은 클릭 몇 번으로 자신의 정치적 견해를 네트워크 상에 발표할 수 있다. 그리고 직접 (국회)의원들에게 자신의 의견을 전할 수도 있다. 이런 e-people의 관점에서 보면 위와 같은 진술은 말도 안 되는 것이다. 하지만 이 말 역시 민주주의 연구에 지대한 영향을 미쳤던 슘페터(Schumpeter, Capitalism, Socialism and Democracy, p.295)의 진단이다.

"어떠한 민주주의보다도 독재체제 하에서 가끔 훨씬 많은 문화적, 정신적 자유를 누려왔고, 그리고 대단히 동질적인 교조적 다수가 지배하는 정부 하에서(예, 독일의 나치스, 이태리의 파시스트) 민주정부는 가장 최악의 독재체제와 마찬가지로 압제적일 수 있다."

이 말 또한 우파 자유민주주의의 주창자인 하이예크(Hayek, The Road to Serfdom: p.52)의 견해라니 놀랍기 짝이 없다. 현대 서구 정치사상의 중요한 부분을 구성하고 있는 다원주의자들(pluralists)의 기본 경향은 시민을 '무관심하고 무지한 존재'로 보는 것이다. 그렇다면 인터넷이 생활의 기본 도구가 되어 가고 있는 정보화 시대의 e-people 역시 무관심하고 무지한 존재인가? e-people의 정치 참여는 독재 상태로 치달을 수 있는가?

전자민주주의의 정치사상적 의의를 찾기 위하여 해야 할 일들이 많다. 그렇지만 다음과 같은 견해는 전자민주주의의 활성화를 뒷받침해 준다.

"만약에 사람들이 의사결정에 효과적으로 참여하는 기회가 있다는 것을 알면, 그들은 참여가 가치 있다는 것을 믿게 될 것이며, 또한 적극적으로 참여할 것으로 보인다. …… 사람들은 참여함으로써 참여의 방법을 배운다. …… 무엇보다도 참여민주주의는 인간 발전을 장려하고, 정치적 효용성을 고양하고, 권력 중심으로부터의 소외감을 감소시키고, 집단적 문제에 대한 관심을 불러일으키며, 정부의 일에 대하여 보다 더 민감한 관심을 가질 수 있는, 적극적이면서 통찰력 있는 시민의 형성에 도움이 된다."

(Pateman, Participation and Democracy: ch.2)

전자민주주의는 클릭 몇 번으로 정치 참여가 가능하게 해주기 때문에, 사용하기에 따라서는 참여민주주의의 폭과 깊이를 확장시켜 줄 수 있다. 궁극적으로 '통찰력 있는' '자유롭고 평등한' 시민의 형성에도 도움을 줄 수 있다. 하지만 이런 비전이 말처럼 그렇게 쉽게 달성되는 것은 아니다. 우리는 장밋빛 비전에 현혹되기에 앞서, 그것의 장단점을 잘 이해하고 있어야 할 것이다.

이를 위해 본 장(章)에서는 직접민주주의와 대의제 민주주의의 사상사적 의의를 되돌아보고자 한다. 전자민주주의가 굳이 직접민주주의와 동일시되는 것은 아니지만, 그것이 현실 제도로 정착한 대의제 민주주의의 대안일 수 있다는 점에서 이 둘을 비교하는 것은 의미가 있다. 이런 비교는 정치사상의 발전과정에 따라, ① 고대 그리이스의 직접민주주의와 근대에 이르기까지의 군주제, ②

근대사회의 대의제 민주주의와 직접민주주의, 그리고 ③ 현대 사회의 다원주의와 참여민주주의 순으로 논의한다.

2. 직접민주주의 대 군주제, 그리고 전자민주주의로의 연상

(1) 아테네의 직접민주주의

고대 그리스에서 아고라를 중심으로 펼쳐졌던 직접민주주의는 다수對다수(many to many)의 커뮤니케이션에 기초한 정치로서 전자민주주의의 이상적인 모형으로 간주되곤 한다. 그러나 아테네의 직접민주주의를 인용하는 사람들은 많아도 그것이 정작 어떻게 운영되었는지 아는 사람은 드물다.

다음은 아테네 민주주의에 관한 상세한 묘사이다.

인류 최초의 민주주의 형태는 지배자와 피지배자가 동등한 위치에 서는 것이었다. 고대 아테네의 모든 시민들은 국가의 결정에 참여할 수 있었다. 지금으로부터 약 2,500년 전에 민주주의가 생겨날 때는 대의원 제도라는 것은 존재하지 않았고 필요도 없었다. 아테네 시민은 약 4만 명이었는데 정치에 참여하고 싶으면 토론과 의사결정이 이루어지는 의회에 참석하기만 하면 되었다. 의사결정은 시민들의 거수(擧手)로 결정되었다. 그 도시국가의 행정은 추첨을 통해 뽑힌 시민들이 돌아가면서 맡았다.

아테네의 시민 자격은 대단히 엄격하였다. 아테네에서 태어난

남자만이 시민권을 얻었고, 인구의 약 90%는 이 시민권에서 제외되었다. 그렇지만 시민권을 부여받은 사람은 누구나 그 도시를 운영할 참정권을 갖는다.

이 작은 도시국가는 수많은 왕국과 부족들, 그리고 군사국가들과 작은 제국들과 국경을 같이 하고 있었다. 그래서 아테네 사람들은 권력과 정치에 대한 관심이 남달리 강하였다. 이들은 다음과 같은 주제들을 끊임없이 논의하였다. 권력의 본질은 무엇인가? 누가 그것을 장악하는가? 누가 그것을 잘 활용하는가 아니면 남용하는가? 그것은 어떻게 집행되어야 하는가? 권력은 어디로부터 나오는 것일까? 권력의 신은 공정한가? 도덕적 양심은 과연 정치권력보다 강한 것일까?

이런 토론의 결과 만들어진 것이 바로 폴리스(polis, 광장)이다. 폴리스는 아테네 시민들이 집을 나서서 하는 활동의 중심지였다. 이 광장은 아테네 사람들의 사회적 관계를 형성시켜 주고, 이들이 집 밖에서 활동할 때 중요한 연결고리의 역할을 했다. 그리스 사람들에게 '정치적'(political)이란 말은 '공동'(common) 또는 모든 사람들에게 관련된 것이란 의미와 마찬가지이다. 정치는 그들의 공동생활의 지배적으로 중요한 요소가 되었다. 시민들이 이 폴리스에 참석하는 것을 다른 어떤 일보다 중요하게 생각하였다.

아테네 민주주의가 활성화된 이유는 사람들이 시민권 행사를 사회 생활의 중심으로 생각했기 때문이다. 모든 아테네 시민들이 동등한 권한을 가졌다는 생각을 지켜 나갈 수 있도록 만드는 것이 바로 아테네 시민들의 역량이었다. 고대 그리스에서는 사회의 저명 인사들 뿐 아니라 일반 평민들도 국가의 중대사 결정에 동등한 영향을 미친다는 것은 지금으로서는 상상하기도 힘든 일이었다. 그들은 의사결정 및 집행에 있어서 공정하고, 직접적이며, 확실한 지분을 나눠 갖고 있었다. 정치는 모든 시민들이 공유하는 것이지 소수 지배자의 몫은 아니었다.

그리스인들은 시민 참여를 독려하기 위한 정치적 기관을 만들었다. 집회(assemblies)는 매우 자주 열렸다. 일년에 약 40회 정도였을 것으로 추정된다. 그밖에 특별히 토의할 일이나 결정할 일이 있으면 또 수시로 모였다. 아테네인들은 그들의 집회장소로 쓰였던 아크로폴리스 옆에 있는 언덕으로 몰려가곤 했다.

아테네 사람들이 직접민주주의를 선호했던 근거는 바로 다음과 같은 생각에서였다. 즉, 자기 문제에 대하여 자기만큼 더 좋은 의사결정을 할 수 있는 다른 사람은 없다는 생각이다. 공동체 구성원들은 공동체의 문제에 관한 한 높은 지위에 있는 사람들보다 자신들이 더 적합한 결정을 내릴 수 있다고 믿었던 것이다. 그러나 모든 사람들이 이런 자치 이념에 동의하였던 것은 아니다. 아리스토텔레스와 플라톤은 모두 이 아이디어에 비판적이었다. 아리스토텔레스는 이런 민주주의가 필연적으로 기술도 없고, 교육도 못 받은 어리석은 대중들에 의해 좌지우지될 것이라고 경고했다. 그는 이런 사람들을 경멸하였다. 아리스토텔레스는 폴리스에 참여하고 연설할 수 있는 자격을 제한해야 한다고 촉구했다. 그래야 그리스인과 야만인이 다른 차이가 나타날 수 있고 자유인과 노예가 다른 특징이 살아난다고 하였다. 플라톤도 민주주의 이념을 받아들이지 않았다. 좋은 정부는 훈련받은 전문적인 집단, 즉 엘리트 시민들을 필요로 한다고 주장했다.

아테네의 시민들은 '책임 있는 시민정신'(responsible citizenship)은 자동적으로 만들어지는 것이 아니라 사려 깊은 배양(훈련)을 통해 길러지는 것임을 인식하고 있었다. 그래서 '500인 평의회'(Council of 500)가 만들어졌다. 그들은 시민 60명 당 1명 꼴로 선발되었다. 이들 평의원들은 공개토론에서 논의될 내용을 미리 검토하였고, 모든 시민들이 민회(Assembly)에서 건전한 결정을 내릴 수 있도록 준비하였다. 모든 시민들에게 정보를 제공하고 제안을 제시하는 것이 바로 평의회의 책임이었다. 평의회는 가능한 한 최소의 권한을 갖도록 디자인되었으며, 가장 영향력 있고 능력 있는 사람들은 이 평의회의 구성원이 될 수 없었다. 왜냐하면 그들은 정치를 독점한 가능성이 있기 때문이었다. 이 평의회는 시민들을 대표하여 활동하지 않는다. 이들은 오직 시민들이 스스로 결정을 하도록 준비해 주는 일만 한다.

평의원은 추첨으로 선발한다. 누구도 두 번 이상 연임할 수 없었다(의장의 임기는 하루). 이들의 활동비는 공동체에서 지불하였다. 그래야 가난한 사람도 평의원으로 활동할 수 있기 때문이다. 이들이 어떤 의제를 토의에 붙일 것인가 하는 문제는 너무도 중요했기 때문에 이들 중 약 10분의 1, 즉 50여 명은 prytaneis라고 하여 반드시 공공장소에 항상 상주해야 했다. 이들 중 몇몇은 아예 거기서 숙식까지도 하였다.

이들의 생활에서 정치 참여는 대단히 중요한 역할을 했다. 시민들은 단지 정보를 접하고 사정이 돌아가는 상황을 파악하기만 하면 되는 것이 아니라 공동체의 결정에 영향을 미치고, 공동으로 의사결정을 해야 했다.

프로타고라스는 그리스 시민들의 정치에 대한 교육은 특별해서 부모, 동료, 폴리스 기관 모두가 동원되어 참여의 미덕을 가르쳤다고 기록하고 있다. 아테네의 유명한 지도자 페리클레스도 "정치 문제에 참여하지 않는 시민은 조용한 시민이 아니라 나쁜 시민이다"라고 연설하였다.

물론 그리스 시민 사회는 노예와 외국인의 노동력을 착취하고 여성을 시민으로 인정하지 않았다는 문제가 있었다. 하지만 국가의 운영을 물리력과 강압에 의존하지 않고 설득과 합의를 통해 풀어가려고 하였다. 민주주의는 그 당시까지 지구상 어디에도 존재하지 않았던 아주 특별한 제도였다.

아테네의 민주주의는 대략 200여 년 간 존속되었다. 민주주의는 끊임없이 벌어지는 전쟁, 주변국가들의 제국주의화, 그리고 내부의 선동정치 등장 등으로 인해 더 이상 지속할 수 없게 되었다.

그러나 아테네에서 민주주의가 지속되는 기간 중에는 힘 없는 자와 힘 있는 자 간의 균형이 절묘하게 조화를 이루었다. 민주주의가 쇠퇴하자 빈익빈부익부 현상이 가속화되었고, 그 결과 권력의 중심이 대중집회소로부터 소수의 부자에게로 옮겨가게 되었다. 국가의 중대사를 결정할 때 부자들이 기여하는 돈이 많아지고, 이에 따라 공동선을 위한 결정보다 부자들을 위한 결정이 이루어졌다. 종국에는 아테네가 쇠퇴하고 멸망하게 되었다.(Grossman, 1995: pp.34-39)

아테네식 직접민주주의는 ① 공동 문제에 대한 풍부한 정보 교환, ② 시민들의 책임 있는 참여와 시민교육, ③ 평등주의의 강조,

그리고 ④이들 모두를 가능하게 한 정치조직의 운영 등에 의하여 가능하였다. 이들 공동체 내부에서 커뮤니케이션은 상대적으로 손쉽게, 그리고 뉴스는 빠르게(물론 언제나 정확했던 것은 아니지만) 전파되었다. 일종의 클럽(club)처럼 움직였다고 볼 수도 있겠다.

그리스 시대 이후에도 직접민주주의는 간헐적으로 채택된 적이 있다. 고대 로마에서도 잠시 아테네식 민주주의가 부활한 적이 있었고, 르네상스 시대의 플로렌스와 베니스에서도 실시되었다. 그러나 이런 사례들은 모두 지중해 연안의 도시국가(city-states)에서만 발견되고 있는데, 그 이유는 직접민주주의가 소규모, 동질적 집단에서만 가능했기 때문이다. 규모가 큰 민족국가(nation-state)에서는 실시된 적이 없다. 그런 규모와 다양성을 포괄해 줄 적절한 커뮤니케이션 방법이 없었던 것도 중요한 이유 중의 하나다.(Grossman, 1995: p.39)

(2) 아테네 민주주의에 대한 비판과 군주제의 옹호 논리

앞에서는 아테네 민주주의의 긍정적인 면을 주로 살펴보았다. 그러나 아테네 민주주의가 그렇게 좋은 것이라면, 왜 오래 지속되지 않고, 세계 다른 나라의 보편적인 정치체제로 자리 잡지 못했는가?

혹자는 사회의 규모가 커짐에 따라서 다양한 의견을 수용할 수 있는 커뮤니케이션 방법이 없었기 때문이라고 한다. 대체로 지당한 견해다. 그러면 만약 통신 네트워크가 극도로 발달해서 모든 사람이 정치 이슈에 직접 참여할 수 있는 기술적 문제가 완전히 극복된다면 아테네식 민주주의가 부활하는 것이 바람직한가?

그렇지 않다는 견해가 많다. 오히려 아테네식 민주주의를 바람직한 정치체제의 교범으로 삼을 수는 없다는 것이 정치사상사의 주된 흐름이었다. 그것은 의사소통 기술의 문제가 아니라 완전 직접민주주의가 내재적으로 갖고 있는 근본적인 문제가 있기 때문이다.

이런 근본적 문제는 다른 어떤 설명에 의해서보다도 다음과 같은 사례를 통해서 더 잘 이해될 수 있다. 다음은 아테네가 거둔 뛰어난 해군의 승리, 그러나 많은 병사들을 죽게 한 해전에 관한 것이다. 해군 지휘관들이 침몰한 배에서 병사들이 익사하도록 방치했다는 비난과 관련된 토론과 재판의 사례이다.

"아테네로 돌아온 사람들은 여섯 장군들의 직위를 박탈하였다. 장군들이 귀환했을 때, 당시 지도적인 대중정치가인 아르케데모스가 이들에게 벌금을 부과할 것을 제안하고, 법정과 민회에 소환하였다. …… 사람들은 왜 장군들이 난파선의 선원들을 구출하지 않았는지 설명할 것을 요구하며 비난하였다. …… 장군들은 폭풍의 맹렬함과 전투에 대하여 진술하였다. …… 그들은 적을 찾아 항해해야 했으며, 난파선의 구조 임무는 과거 장군으로 봉직했던 유능한 몇몇 선장에게 맡겼다. 비난을 받아야 할 사람이 있다면, 책임질 사람은 바로 그 선장들이라고 했다. 그러나 실제로 구조작업을 불가능하게 만든 것은 광폭한 폭풍 때문이었다고 주장했다. 그들은 증인으로서 같이 항해했던 조타수와 다른 여러 사람들을 내세웠다. 이런 논리로 민회를 막 설득시킬 참에, 많은 시민들이 일어서 보석보증인이 되겠다고 제안했다. 그러나 그 때는 시간이 너무 늦어 투표수를 세기 불가능했기 때문에 다음 민회의 회의 때까지 연기하기로 결정했다. 그 후 아버지와 가족들이 함께 만나는 아파르투리아 축제가 벌어졌다.

테라메데스와 그 지지자들은 축제에 참여한 많은 사람들 중 일부에게 익사자들의 친척인 것처럼 검은 옷을 입히고 머리를 바싹 깎게 한다음 민회에 참석시켰다. 그들은 칼릭세노스로 하여금 위원회에서 장군들을 공격하도록 권유했다. 마침내 열린 민회에서는 지난 번의 결정사항을 읽었다. '장군들에 대한 비난과 자기변호는 지난 번 회의에서 있었기 때문에 모든 아테네 시민들은 투표를 시작한다. 각 선거인에게는 두 개의 항아리가 있다. 장군들이 잘못을 저질렀다고 생각하는 사람들은 첫 번째 항아리에 표를 던지고, 그렇게 생각하지 않는 사람들은 두 번째 항아리에 표를 던지라고 선포한다. 그리고 그들의 잘못으로 결정된다면 사형판결을 받고 재산은 몰수된다.'

그 때 한 사람이 앞으로 나와 자신은 밀가루 통에 매달려 구조되었으며, 당시 물에 빠졌던 사람들이 '만일 구조된다면 장군들이 가장 용감하게 싸운 사람들을 구조하지 못했다고 전해달라'고 했다고 말했다.

…… 칼릭세노스는 연설대에 올라 위원회에 불만을 퍼부었다. 군중은 …… 위원회가 기소될 것이라고 하여 위원회 구성원들을 공포에 떨게 하였다. …… 소크라테스는 법에 어긋나는 것에는 아무 일도 하지 않을 것이라고 말했다.

이 때 에우리포톨레모스가 일어나 장군들을 변호했다. …… 그리고 장군들은 개별적으로 처벌받아야 한다는 판결신청안을 제출했다. 본래의 판결신청안은 한번의 투표로 그들 모두를 판결한다는 것이었다. 두 신청안을 거수투표로 결정하여 처음에는 에우리포톨레모스의 제안이 채택되었으나, 메네클레스가 맹세코 반대를 제기하자(거수투표의 불법성 주장), 투표를 새로 하여 이번에는 최초의 신청안이 채택되었다. 투표 결과 장군들의 책임이 인정되어 아테네로 돌아온 여섯 장군은 사형에 처해졌다.

아테네 시민들은 오래지 않아 후회하였고, 그들을 속인 사람들—칼릭세노스를 포함하여—에 대한 예비고소장의 제출과 재판에 회부될 때까지 감시인의 지정을 투표로 결정하였다. 고소장은 다른 네 사람에게도 제출되어 그들은 감시인에 의해 감금되었지만, 재판에 회부되기 전 아테네 내부의 소요를 틈타 탈출하였다. 후에 칼릭세노스는 아테네로 돌아왔지만, 모든 사람이 그를 경멸하였고, 결국 그는 굶어 죽고 말았다고 한다."

(Xenophon, History of Greece, 헬드. 1987: pp. 33-35로부터 재인용)

이상 역사가 크세노폰이 기술한 이야기는 아테네 민주주의의 여러 면을 보여 주고 있다. 민회에 대한 공직자의 책임성, 대중에 의한 군대지휘관의 통제, 광범위한 공개토론, 대규모 회의에 의한 결정, 서로 적대적 관계에 있는 지도자가 이끄는 집단들 간의 충돌, 비공식적인 커뮤니케이션과 음모의 네트워크, 성급하고 극단적인 방책도 기꺼이 감행하려는 파벌들의 등장, 순간의 격정에 빠지는 민회의 취약성, 대중적 결정의 불안정한 기반, 충동적 행위에 대한 견제체제의 부재로 인한 정치적 불안정성의 잠재, 전체 시민이 참여한 회의의 방향이 변론 기술에 따라서 결정되었다는 사실 등이다.(헬드, 1987: p.36)

이에 대한 마키아벨리의 비판은 통렬하다.

"아테네 민주주의는 상층계급의 교만함과 일반 대중의 방종으로부터 스스로 지키지 못하였기 때문에 쇠퇴하였다."

미래의 정보화 사회에서 아테네식 민회(Assembly)를 가능하게 해주는 기술은 분명히 개발될 것이다. 그렇지만 이런 기술을 이용한 민중의 정치 참여 또는 의사결정이 크세노폰이 서술하고, 마키아벨리가 비판하는 그런 문제점들을 피할 수 있다는 보장은 아무데도 없다.

그로스만(Grossman)은 전자민주주의가 자칫 아테네의 전철을 되밟을 가능성이 있음을 인식하고, 그것을 다음과 같이 회화적으로 촌평하고 있다.

"걸프전 당시, 미국사람들은 전쟁 상황을 텔레비전을 통해서 소상히 전달받았다. 그러나 전쟁의 참혹함과 파괴성은 접하지 못했다. 걸프전의 여러 모습이 위성을 통해 마치 닌텐도의 이미지처럼 전해졌다. …… 그것은 미래의 사이버전쟁(cyber-warfare)의 단초를 여는 것 같았다. …… 아마도 미래의 전쟁은 다음과 같을지도 모르겠다. 전국에 있는 모든 텔레비전 스크린(또는 단말기 모니터)에 국가비상사태를 알리는 경보가 전해지며, 즉각 1-800-U-DECIDE라는 전화번호가 나타난다. 이 때 대통령이 국방장관, 합참의장 등과 함께 화면에 등장해서 지도와 차트와 기타 매체를 동원하여 국민들에게 위기 상황을 브리핑한다. 그리고 대통령은 지도부가 결정을 내릴 수 있도록 시민의 도움을 요청한다. '당신이 전쟁을 시작하기 원하면 1번을 누르시오. 지금대로 가만히 있기를 원하면 2번을 누르시오. 특별히 공격해야 할 타겟이 있다면 3번을 누르시오. 그리고 1-800-U-DECIDE로 연락해 주기 바랍니다. 그러면 좀더 자세한 설명을 들을 수도 있고, 누군가와 토론을 할 수도 있습니다.'"

(Grossman, 1995: p.11)

아테네식 직접민주주의에 대한 비판은 플라톤으로부터 시작한다. 그는 펠레폰네소스 전쟁의 패배, 기원전 399년 소크라테스에 대한 재판과 처형으로 극에 달한 지도력, 도덕성, 법의 타락상에 환멸을 느꼈다. 그래서 정치적 통제는 소수의 수중에 있어야 한다는 견해를 갖게 되었다. 그렇지만 당시에 민주주의에 대한 대안으로서 대두되던 참주(tyranny, 독재)체제는, 그에게 민주주의에 대한 안정성 있는 해결책이 아니었다. 따라서 플라톤은 '세상의 문제는 철인왕(哲人王, philosopher king)이 지배할 때까지 해결될 수 없다'는 결론에 도달한다.(헬드, 1987: pp.37-40)

철인왕의 개념은 그의 '동굴(洞窟)의 비유'에서 가장 잘 설명된다. 보통 사람들은 동굴의 막다른 벽만 바라보고 산다. 이들은 해가 뜨고 지는 것을 인식할 수 있다. 햇볕이 동굴로 들어와 벽면을 밝혀 주면 낮이고, 벽이 어두워지면 밤인 것을 안다. 하지만 왜 낮이 되고 밤이 되는지를 알지 못한다. 태양이라는 존재를 알지 못하기 때문이다.[12] 이에 비해 철인(哲人)은 동굴의 바깥에서 일어나는 일들을 다 안다. 그는 태양의 존재와 움직임과 역할을 다 잘 안다. 플라톤에게 지식은 덕성(virtue is knowledge)이며, 독립적으로 존재하는데, 이런 지식을 잘 아는 철인왕이 세상을 독재적으로 지배해야 한다는 것이다.(플라톤, p.228)

이런 철인왕의 이미지는 조지 오웰의 비판적 소설 『1984』에서

---

12) 오늘날 미국 정당의 전당대회에 참석한 사람들은 그들의 머리 위로 높이 걸려 있는 대형 스크린에 투사되는 이미지들을 본다. 그것은 마치 플라톤이『국가론』에서 비유했던, 동굴(Plato's cave) 벽에 비쳐지는 그림자를 보고 있는 것이나 마찬가지다. (Grossman, 1995: p.130)

대형(big brother)으로 바뀌어 나타난다. 세상의 모든 정보를 장악하고 있으며 혼자서만 진실을 알고 있는 대형이 개인들의 행동과 역할을 제한되게 부여하는 모습이 그려진다. (물론 철인왕은 사람들의 선한 생활을 의도하는 것으로 설정되지만, 대형의 경우에는 그가 궁극적으로 선을 추구하는지, 아닌지 명확하게 설정되어 있지 않다.)

플라톤의 직접민주주의에 비판은 후기에 혼합국가(mixed state) 론으로 발전한다. 철인왕이 아직 도래하지 않은 현실적인 상황에서는, 군주제와 민주제가 혼합된 형태가 바람직한 정치체제라는 것이다. 이런 견해는 후일 아리스토텔레스와 삼권분립을 주창한 몽테스키외(Montesquieu)에게로 전파된다.

희랍 문명이 쇠퇴하고 기독교 문명이 들어서자, 기독교는 권위와 지배의 원천을 시민(또는 철인왕)으로부터 내세(來世)의 대변자로 분명히 옮겨 놓았다. 다만 현실 세계에서 군주가 정치의 중심이 되었다. 성 토마스 아퀴나스(St. Thomas Aquinas, 1226-74) 역시 "군주제가 최선의 통치형태"라고 하였다.

중세적 군주제 옹호론은 마키아벨리에 이르러서 다르게 변화한다. 그는 "정치생활을 규제하는 자연적 또는 신이 부여한 틀은 없다"고 하였다. 그리고 "공동체는 자유를 누릴 수 있을 때를 제외하고는 절대 지배영토나 부의 증식을 이루지 못한다"고 하였다. 마키아벨리에 와서 자유(自由)가 정치사상의 핵심과제로 다시 떠오른다.

그런데 자유를 위협하는 것들이 있다. 첫째는 파벌의 개별적 이익이다. 둘째는 경쟁국가가 끊임없이 자유를 위협한다. 전자를 억제하기 위해서는 로마의 혼합정처럼 군주제, 귀족제, 민주제가 혼합된 정치체제가 바람직하지만, 경쟁국가의 도전을 봉쇄하는 최선의 방법은 지배당하기 전에 먼저 경쟁국을 지배하는 것이다. 따라서 집단의 자유를 보존하는 데 필요한 전제조건은 팽창정책이다. 그런데 팽창정책을 추진하는 데에는 참주(독재자) 정치가 효과적이라고 하였다. 마키아벨리는 참주보다는 자유를 선호하였다. 그러나 자유를 유지하려면 때때로 참주가 필요할 수도 있다고 생각했다.(헬드, 1987: pp.54-56)

홉스(Hobbes)는 마키아벨리와 전혀 다른 관점에서 군주제를 옹호하였다. 홉스는 인간은 자연상태에서 모든 것을 소유, 사용, 향유하는 데 배타적인 권리가 있는 자유로운 존재이다. 그러나 이들의 이익은 충돌하기 때문에, 자연상태에서 인간은 '만인에 대한 만인의 투쟁'을 하게 된다. 그런데 개인들은 이러한 자연상태에서의 생활이 '외롭고, 빈곤하며, 불결하고, 미개하며, 수명 또한 짧다'는 것을 알게 된다. 따라서 일찍 죽을 위협과 타인으로부터의 피해를 회피하기 위하여 안전 상태를 확보하려 한다. 이를 위해 "개인들은 그들로 하여금 약속과 협약을 준수하도록 강요할 수 있는 강력한 권위에 자신의 제 권리를 양도하여 포기한다면, 효과적이고 정당성 있는 사회와 국가가 형성될 수 있다"는 것이 홉스의 핵심 사상이다.(헬드, 1987:pp.57-59)

'자유를 위해 강력한 독재자가 필요하다'는 마키아벨리의 생각이나, '자유를 얻기 위해 강력한 권위에게 자연권을 양도해야 한다'는 홉스의 생각은 지금 와서 보면 시대착오적이고, 말도 안 되는 생각으로 여겨진다. 특히 정보화되고, 민주적으로 다양화된 현대에는 더욱 더 합당할 것 같지 않다. 하지만 빌 조이(앞의 제2장 6절 참조)의 비관적인 기술문명 예측 시나리오에 의하면, 인간은 기계라는 군주에게 순종하는 존재로 되고 말 가능성도 있다. 한 번 더 인용해 보자.

"첫째로 가능한 시나리오는 기계가 인간의 도움 없이, 인간보다 더 뛰어난 의사결정을 하게 되는 것이다. 이렇게 되면 인류의 운명은 기계의 처분에 맡겨진다. 물론 인간이 자발적으로 자신의 파워를 기계에 넘겨 주지는 않을 것이다. 또 기계가 그런 파워를 인간으로부터 빼앗아 가지도 않을 것이다. 그 대신, 인간이 기계에 의존하는 정도가 점차로 커지다가 궁극적으로 기계가 지배하는 세상이 되어 버린다는 것이다.

만약 기계가 여러분의 복지(건강, 삶의 질, 여가)를 계속 향상시켜 준다면 여러분은 그 기계를 거부할 수 있는가? 만약 기계가 여러분이 200살이 되어서도 건강하게 활동할 수 있게 한다면, 그 기계를 거부할 수 있겠는가?"

정보화 사회의 진전은 시민들의 정치 참여를 고양시키는 전자 (직접)민주주의의 가능성을 높여 줄 것이다. 그러나 기술 발전은 동시에 전자 군주(Cyber King)의 등장을 초래할 수도 있다. 아테네의 직접민주주의가 그랬던 것처럼 전자(직접)민주주의가 개인과 집단의 이해 충돌을 제대로 해결하지 못한다면, 차라리 전자 군주의 지배 속에 편입되기를 원하는 사람들이 늘어날지도 모르겠다.

3. 대의민주주의와 직접민주주의 사상, 그리고 전자민주주의로의 연상

(1) 대의제 민주주의의 성립

1) 로크의 사회계약론

홉스처럼 로크(John Locke, 1632-1704)도 자연상태를 설정한다. 즉, 거기에서 인간은 이성(理性)으로 인해 합리성을 갖추고, 자유롭고, 평등하다. 그러나 로크는 홉스와 달리, 국가 형성으로 인해 신민의 모든 권리가 국가에 양도되지는 않는다고 보았다.

오히려 "정당성 있는 국가가 동의에 의해 성립한 후, 시민의 대표자들이 피치자의 수탁자로서 생명, 재산, 자유를 보장하는 그 계약 조항을 이행한다면, 국민이 법률에 복종할 의무가 생긴다"는 사회계약론을 주창한다. 즉, 통치자가 계속되는 독재적 정치행위로 계약조건을 우롱한다면, 새로운 정부를 구성하기 위한 반란은 피할 수 없다고 본다.(헬드, 1987: pp.61-65)

2) 몽테스키외의 삼권분립론

몽테스키외가 특별히 발전시킨 민주주의 이론은 없다. 그러나 그는 삼권분립을 제안하고, 그것을 상세히 설명함으로써 삼권분립이 인간의 자유를 보장하기 위한 실질적인 제도임을 설득하였다.

3) 공리주의 사상

벤담(Bentham)과 밀(James Mill)은 개인이 경쟁적 관계 속에서 자신의 효용을 추구하는 상호 관계를 맺어야만 집단의 선(善)도 달성될 수 있다고 하였다. 이것은 아담 스미스의 자유 방임적 경제학설과도 연계되며, 국가의 역할을 생존의 제공, 풍요의 생산, 평등의 유지, 그리고 안전에만 국한시켜야 한다는 최소국가론 (minimal state)이다.

4) 미국의 독립과 대의민주주의의 성립

근대 민주주의를 촉진한 가장 큰 두 개의 사건은 바로 미국 독립과 프랑스 혁명이다. 이 당시 몽테스키외는 소수의 대표자를 뽑아서 그들이 정부를 운영하도록 하자는 제안을 했는데, 이런 제안은 당시에 파격적인 것이었다. 이런 파격적인 제안이 바로 독립신생국 미국에서 현실로 나타났다.

당시 미국의 뉴 잉글랜드 지역에는 주민 참여가 활발한 지역정치가 왕성했었다. 미국을 여행하게 된 프랑스 역사학자 드 토크빌 (A. de Tocqueville)은 그 모습을 다음과 같이 생생하게 기록하고 있다.

"미국인들은 공공 문제에 대단히 관심이 많은 것 같다. 사회 문제들을 자기들 손으로 처리하려 하고 이것을 토의하는 것이 그들의 가장 큰 관심사, 바꿔 말하면 이것이 미국인들의 유일한 낙이다. 심지어 부인네들까지 공청회에 참석한다. …… 미국인들에게서 이런 활동을 금지한다면 아마 그들 존재 이유의 절반을 빼앗는 것이나 마찬가지다."
(Sclove, 1995: p.85에서 재인용)

이 인용구 자체만 보면 초기의 미국은 아테네와 유사한 점이 있다고 할 만하다. 그러나 미국 독립 운동가들은 직접민주주의보다는 간접민주주의를 선호하는 것이 대세였다. 해밀턴(Hamilton)과 같은 연방주의자들(federalists)은 대중은 자신의 욕망을 억제하지 못하고, 변덕스러우며, 책임감이 없기 때문에 이들에게 정치를 맡겨서는 안 된다고 하였다. 따라서 이들은 교육받은 책임 있는 신중한 소수가 이들을 대의해서 국정을 운영해야 한다고 주장하였다.

또 다른 연방주의자 매디슨(Madison)은 직접민주주의는 "약한 당사자나 남에게 미움을 받는 개인을 희생시키려는 유혹을 견제할 그 어떤 장치도 없다"고 지적했다. 그 결과 직접민주주의에서는 소요와 격론만 발생하고, 개인의 안전 또는 소유권을 보호하는 데 무능력하였다고 본다. 따라서 매디슨은 대의 정부야말로 직접민주주의의 월권을 극복할 수 있으며, 공공의 견해는 선출된 시민이라는 매개체를 통해 통과되었을 때 세련되고 확대될 수 있다고 하였다.

제퍼슨(Jefferson)같은 이는 아테네 민주주의의 이상을 받아들여 연방주의자들의 주장에 반대하였지만, 그것은 어디까지나 소수 의견에 불과하였다. 미국의 민주주의는 대중의 참여를 대단히 제약하는 방법으로 시작되었으며, 국민들이 할 수 있는 일이라고는 대표자를 선출하는 선거에 참여하는 데 한정되었다.(Grossman, 1996: pp.43-45)

5) 밀

대의민주주의는 밀(John Stewart Mill, 1806-1873)에 의해서 한

층 더 정교하게 발전한다. 그의 최대 관심사는 어떻게 개인의 자유를 보장하는가 하는 점이다. 그의 ① 민주정치의 도덕성, ② 소수의 자유에 대한 보호, 그리고 ③ 관료제로부터의 자유 보장 방법에 관한 생각을 순서대로 살펴보자.

민주정치는 사람들로 하여금 공공 영역에 참여하게 한다. 따라서 개인들이 견문을 넓히고 진취적인 시민이 되도록 만들어 주기 때문에 중요하다고 본다. 즉, 민주정치는 도덕적 자기개발의 주요 메카니즘이고, 그로 인해 개인 능력이 '최고로 그리고 조화롭게' 확장된다고 보았다.

그는 당연히 민주정치를 선호하지만, 다수에 의한 독재는 막아야 하다고 생각했다. 그는 시민을 '잘못되고 제한된 정보'에 의하여 의사결정에 참여할 가능성이 많고, 또 공공문제에 무지하다고 보았다. (이 점은 현대의 다원주의자들의 연구에서도 자주 입증되고 있다.) 그러므로 무지한 다수가 소수의 현자를 압도하지 않을 장치를 마련하고자 하였다.

그리고 예전에는 개인의 자유를 침해하는 것이 군주(국가)였으나, 사회가 발전하면서 관료제가 개인의 자유에 대한 최대의 적으로 등장하고 있음도 간파하였다. 정부는 교통, 교육, 금융, 경제 등의 분야가 발전하면서 계속 팽창한다. 행정권이 끝없이 확장된다면, 실질적인 경험과 정보가 부족한 시민들은 더욱 더 그릇된 정보를 접하게 되어 권력을 견제하고 감시할 수 없게 된다. 정책문제에서 어떠한 창의성도 '관료제의 이익'과 양립되지 않는 한 진지하게 고려되지 않을 것이다. 이처럼 지나치게 간섭적인 국가의 위험을 상쇄하기 위하여, 밀은 강력한 민주주의를 지지하였다.

그러나 그에게 있어 아테네식 직접민주주의는 이런 강력한 민주주의가 되지 못한다. 아테네식 민주주의는 집단의 규모가 커짐에 따라, ① 물리적으로 함께 모일 수 있는 지리적 한계가 있고, ② 그것보다도 중요한 문제로, 사람들이 공직(公職)에 참여할 수 없거나 아주 작은 부분에만 참여할 수 있다는 단점이 있다. 그리고 ③ 인민(the demos)이 모든 일을 다 하려고 하지 않을 때 오히려 통제와 효율성은 증대한다. 행정은 숙련된 고용자를 필요로 하기 때문이다.

이에 비하여 발언, 언론, 집회의 자유를 갖춘 대의 체제는 분명한 장점을 가지고 있다. ① 개인이 정치에 참여할 기회도 주며, 특히, 현명한 개인이 선거를 통해 정치에 참여할 기회를 더욱 더 많이 주고, ② 선출된 소수의 현자(賢者)를 다수 대중으로부터 보호할 수도 있으며, ③ 관료제의 독주도 견제할 수 있다는 것이다. 그래서 그는 대의제가 '모든 면에서 만족스럽지 못하지만, 고대의 토론장(아고라)에 비해서는 현실적인 대안'이라고 보았다.

밀의 직접민주주의에 대한 비판과 대의제 민주주의의 불가피성은 당시의 상황에서는 적합했더라도, 정보화 시대의 관점에서 보면 문제시될 점들도 많다. 정보화의 특징이 보여주듯, ① 전자통신 기술의 발달로 물리적, 지리적 한계가 극복되고 있으며, ② 공공문제와 그것의 해결은 더 이상 공직자나 언론인의 전유물이 아니며, ③ 오늘날의 행정은 고객지향적으로 되어서 수요자의 요구를 더 잘 반영하려 하며, 직접민주주의적 참여를 더욱 더 필요로 한다. 더군다나 밀이 늘 염두에 두고 있고, 또 보호하고자 했던 '현명한 소수'는 오늘날 찾아보기 어렵다. 그뿐 아니라 시민의 욕구와 요구는 더 이상 의회라는 한정된 장소나 기구에 의해서 결집되거나 표출되지 않는다. 오히려 시민의 요구와 토론은 네트워크 상에서 원자(原子)화되어서 광속도(光速度)로 교류되고 있다.

이런 점에서 보면, 밀의 자유 민주주의 정치 사상은 상당히 낡은 생각으로 보인다. 하지만 그가 더 깊은 관심을 두었던 '개인 능력을 최고로 조화롭게' 확장시켜 주는 기회로서의 정치는 어떠한가? 우리는 과연 전자통신기술의 발달에 힘입어, 공공 영역에 적극적으로 참여하고, 그럼으로써 개인 능력을 최고로, 그리고 조화롭게 발전시켜 나갈 것인가?

전자통신 네트워크는 아니지만, TV가 보급되기 시작할 때 그것이 정치에 미칠 긍정적인 효과가 과장되게 평가된 적이 있었다. 이 때 로텐스트레이크(Rotenstreich)는 그런 호들갑에 대해 다음과 같이 비평했었다. 그의 관점은 오늘날 정확했던 것으로 보이며, 혹 인터넷 또는 그 이후의 정보화 매체 시대에도 계속 유효할 것으로 예상된다.

"정치는 어쩔 수 없이 드라마화되어야 할 것인데, 만약 그렇게 되지 않으면 텔레비전 방영이라는 업체의 요구에 부응하지 못할 것이다. 이러한 극적인 측면이 사상의 갈등에 기인할 수는 없다. 따라서 그것은 인물들 간의 갈등에 기초해야 한다. 이런 드라마가 존재하지 않으면 시청자의 관심을 끌지 못한다. 따라서 시청자는 공공 문제에 생각을 기울이지 않을 것이다. 기술이 정치의 모양을 결정지으며, 소비자의 취향이야말로 기술이 그의 안방에 무엇을 가져올 것인가를 결정한다."

(세바인 외(강정인, 김세걸 편역), 1994: p.328에서 재인용)

밀이 활동하던 시대로부터 약 150년이 지났지만, 정치에 대한 소비자의 취향은 그리 큰 진전을 이루지는 못하고 있다.

(2) 직접민주주의에 대한 열망

이상의 대의민주주의 옹호자들과 달리, 직접 참여만이 인간의 자유를 보장할 수 있다고 보는 사상가들도 많다. 그 중에서도 중요한 위치를 차지하고 있는 것이 루소와 마르크스이다.

1) 루소

루소(Jean-Jacque Rousseau, 1712-1778)는 '주권은 대표될 수 없고, 같은 이유로 주권은 양도될 수도 없다'고 하였다. 그는 또 '(의회주의를 신봉하는) 영국인들은 자신이 자유롭다고 믿지만, 그들은 선거 때만 자유롭고, 대의원이 선출되자마자 노예화된다'고 하였다. 루소는 개인이 열망할 수 있는 최고의 역할은 시민으로서의 역할이며, 시민들에 의한 권력의 행사가 자유를 유지할 수 있는 유일하게 정당한 방법으로 생각하였다.

그는 시민들이 직접 정치에 참여함으로써 피지배자가 지배자가 되어, '어떤 시민도 다른 시민을 매수할 정도로 부자가 아니고, 어느 누구도 자신을 팔 수밖에 없을 정도로 가난하지 않은 상태'를 만들어 나가기 원하였다. 그렇지만 시민들이 직접 참여하는 방법에 아테네식 민주주의를 채택하지는 않았다. 그것은 행정기능과 입법기능을 명확하게 구분하지 않았기 때문에, 위기 상황에서 불안정하고 상호파괴적인 불화와 우유부단을 피할 수 없다는 것이다. 그는 행정기능을 전문가들에게 위임하고, 입법기능은 시민들의 참여를 통해 운영해야 한다고 보았다.(헬드, 1987: pp.91-85)

2) 마르크스

루소의 다소 유토피아적인 소망은 부분적으로 마르크스(Karl Marx, 1818~1883)에 의하여 더욱 고양된다. 마르크스가 인간들의 관계를 이해하는 열쇠는 역시 계급이다. 그의 국가에 대한 생각은 다음과 같다.

국가는 부르조아 계급의 분파들로부터 독립적일 수 있다. 심지어 부르조아의 국가 통제력까지 축소시킬 수 있는 자율성을 갖춘 방대한 제도이다. 그렇지만 국가는 물적 기반이 필요하기 때문에 결국 경제를 장악한 사람들에게 의존한다. 따라서 국가는 여러 이익들의 갈등에 직면하여 약자를 보호하는 기사, 해방자, 심판자의 역할을 하는 것이 아니라, 계급 사회에 말려들어간 조직체이다. 경제지배계급은 '직접적으로 통치하지 않고 지배'(rule without governing)한다. 여기서 조직체란 관료제를 뜻하는데, 관료제는 누구도 그로부터 도망칠 수 없는 원(圓)이며, 관료제는 자신을 국가의 최종 목표라고 우긴다.

이러한 자본주의 국가는 불평등을 고착화시키고, 불평등은 자유를 근본적으로 훼손한다. 대부분의 시민들은 단지 명목상의 자유를 누릴 뿐이다. 따라서 이런 국가는 사회주의 또는 공산주의 국가로 대체되어야 한다.

자유주의 국가와 마찬가지로 사회주의 국가도 주어진 영토에 대해 법을 집행, 선언할 최고의 권리를 가져야 하지만, 자유주의 국가와는 달리 그 모든 활동분야에서 시민에 대해 완전한 책임을 져야 한다. 그밖에 사회주의 국가는 가능한 한 최소국가로, 즉 강제수단을 사용하지 않고 사회생활의 조절과 규제를 담당하는 기관이 되려고 해야 한다.

그런데 마르크스 본인은 정작 사회주의 또는 공산주의의 미래 모습에 대해서 상세한 언급을 하지 않았다. '미래의 음악'은 미리 작곡될 수 없다는 이유에서다. 그렇지만 1871년에 잠시 존재하다가 프랑스 정부군에 의해 해체되었던 파리 코뮌(Paris Commune)은 그가 '국가소멸론'과 '프롤레타리아 독재'를 언급할 때 참고하였던 실제 모델이었다.

"코뮌은 시(市)의 다양한 각 구(區)에서 보통선거에 의해 선출되어 시민에게 책임을 지며, 빠른 시일 내에 소환될 수 있는 시의원들로 구성되어 있다. 그 성원의 대다수는 당연히 노동자들이거나 또는 노동계급의 공인된 대표들이었다. 코뮌은 의회기구가 아니라 활동하는 행정부인 동시에 입법부였다. …… 시 행정 뿐 아니라 지금까지 국가가 취해온 주도권 전부가 코뮌의 수중에 들어가게 되었다. …… 가장 소규모의 지방 마을에서조차도 코뮌 같은 정치적인 형태가 취해져야 한다. 농촌 코뮌들은 지역의 중심도시에 대표자를 파송하고, 지역회의는 다시 파리의 전국대표회의에 대표자를 파송하게 되어 있었다. 각 파견대표는 언제라도 소환될 수 있었으며, 자신의 선거구민들의 공식적 위임에 의해 구속받는다. …… 국가의 통일성은 파괴되었던 것이 아니라 오히려 코뮌 헌법에 의해 조직되고, 국가권력이 파괴를 통해 하나의 실체가 되도록 되어 있었다."

(마르크스, 헬드, 1987: pp.144-145로부터 재인용)

마르크스는 파리 코뮌처럼 되어야, 그리이스인과 더불어 지상으로부터 사라지고, 기독교와 더불어 천국의 푸른 안개 속으로 자취를 감춘 자기신뢰(self-reliance), 즉 자유가 복구된다고 하였다(헬드, 1987: p.146). 마르크스의 직접민주주의 모델은 아테네의 모델이나 루소의 생각과는 사뭇 달랐지만, 자유민주주의가 선호하는 대의제 모형이 아니라 직접민주주의의 사상을 직접적으로 회복시키려는 시도였다.

마르크스의 계급투쟁을 통한, 그래서 계급을 철폐한 후 '각자의 자유로운 발전'이 '전체의 자유로운 발전'과 공존하는 사회를 이루고자 하는 열망이 전자민주주의와 어떻게 연결될지는 아직 미지수이다. 전자민주주의에도 당연히 자본의 논리가 스며 있고, 불평등을 야기한다. 그러나 화이트칼라나 블루칼라 외에 골드칼라까지 등장하는 정보화 사회에서는 생산 양식이나 생산 수단, 그리고 자본과 노동 및 가치의 개념이 전혀 새로워진다. 앞의 제3장과 제4장에서 살펴 본 바와 같이, 공동체에 대한 개념과 참여 방식이 변화하고, 국가의 존재마저 새로운 형태를 띠게 될 전망이다. 이런 상황에서 전자민주주의를 마르크스주의적 직접민주주의와 연계시켜 논하기는 상당히 어렵고, 이 주제에 관한 뛰어난 분석이 나타나기를 기다려야 할 때라고 생각된다. 마르크스의 말 그대로 '미래의 음악'을 미리 작곡할 수는 없을지도 모르겠다. 어쩌면 그의 이상은 현실적인 사회에서보다도 가상공동체(virtual reality) 사회에서 더 잘 구현될 수 있지 않을까.

4. 다원적 민주주의와 참여 민주주의, 그리고 전자민주주의에의 연상

(1) 현대적 정치사상으로의 전환

고전적인 민주주의 사상은 현대에는 상당히 다르게 변하였다. 그 길목에 베버(Max Weber)와 슘페터(Joseph Schumpeter)가 있다.

1) 베버

베버 역시 자유주의자이지만 그는 "절망에 빠진 자유주의자"(liberal in despair)로 평가받는다.(헬드, 1987: p.160)

그는 직접민주주의가 비현실적이므로 중앙 집권화된 행정체계가 불가피하다고 본다. 직접민주주의는 변화하는 환경에 유연하게 대처할 정책을 개발하는 데 제약을 준다. 그리고 파벌 간의 투쟁을 완화시키기 위한 적당한 메카니즘을 결여하고 있다. 이에 비하여 관료제(bureaucracy)는 합법성에 근거한 효율적인 제도이다. 현대 세계에서 관료제는 필수불가결하다.

그런데 관료제는 전문성과 정보, 그리고 비밀취급 등을 통해 상당한 권력을 장악할 수 있고, 그래서 관료제는 개인의 자유를 침해할 잠재력이 크다. 베버가 오랫동안 탐구한 중심적인 문제는 관료적 권력을 어떻게 견제할 수 있는가 하는 점이다. 즉, 관료로부터의 자유 문제를 심각하게 제기하였던 것이다.

국가공무원에 의한 정치 지배를 예방하기 위하여, 베버는 사적 자본의 상쇄력과 경쟁적 정당체계 및 정치지도력을 옹호하였다.

그렇지만 경쟁적 정당체계 역시 아주 믿을 만한 체계는 아니었다. 정당 자체가 관료제화되어 가기 때문이다.

"다원적인 사회세력은 공공업무에 대한 영향력 확보를 위해 경쟁한다. 영향력을 획득하기 위해 그들은 자원을 동원하고, 재정 자금을 확보하며, 추종자들을 충원하고, 국민들이 그들의 명분에 대해 지지하도록 노력해야 한다. 그런데 이런 노력을 추진하기 위해서 그들은 정치기구에 계속 종사하는 자들에게 의존했고, 이런 기구들이 효율적으로 운영되기 위해서는 관료적이어야 한다. 정당은 이상적인 프로그램을 실현하고자 하겠지만, 정당의 활동이 선거에서 승리를 쟁취할 수 있는 체계적(관료적) 전략에 기반을 두지 않으면 안 된다."

(Weber, Politics as a Vocation, p.106; 헬드, 1987: p.174에서 재인용)

행정관료제를 견제하기 위한 정당이 다시 관료화되는 위험을 간파하였다. 그래서 베버의 관심사는 유능한 지도력의 구축으로 옮겨간다. 지도력이 없는 대의제 민주주의는 소명 의식이 없는 직업 정치인들만을 양산한다고 보았던 것이다. 권력과 권리, 그리고 힘과 법 사이에서 베버는 권력과 힘을 선호하게 된다. 자유를 위해서.[13]

2) 슘페터

슘페터의 공헌은 정치를 '있는 그대로' 현실주의에 입각해서 설명하기 시작한 데 있다. 그에게 있어 그 동안 정치사상의 중요 개

---

13) 정보화 시대 및 미래의 관료제와 인간 자유에 관한 보다 자세한 내용은, 배득종, "뷰로크라시와 사이버 뷰로크라시: 자유의 관점에서"(2000) 참조.

넘이었던 '공공선'이나 '일반의지'는 없다. 그런 것은 광고주에 의해서도 만들어진다고 지적하였다. 그리고 정치가들의 행태는 고객을 유치하기 위해 경쟁하는 기업의 행위와 유사하다고 보았다. 이런 관점에서 슘페터는 시민의 모습을 적나라하게(또는 있는 그대로) 묘사한다.

평범한 시민들은 무지하고, 자신의 정치적 행위들을 조정할 능력이 없다. 따라서 시민은 정치 무대에서 대표 엘리트를 선출하는 것밖에 할 수 없다. 민주주의는 정치적 '방법'이지 (밀이 주장하듯이) 정치적 '목적'이 아니다. 민주주의는 기껏해야 정치 엘리트의 지배권을 정당화시켜 줄 정도의 최소한도의 시민 참여만을 필요로 한다.

고전적 민주주의 학설에서 인간은 정치문제에 대하여 한정적이나마 합리적인 생각을 갖는다고 가정한다. 그러나 슘페터는 그런 가정이 오도된 것이고, 위험하기조차 한 것이라고 한다. 오히려 전형적인 시민들은 '미숙한 방법'으로 정치를 분석하고 논의한다고 본다. 정당과 공직에 있는 노련한 정치 엘리트들이 민주주의 사회에서의 진정한 참여자라는 것이다. 슘페터의 민주주의는 상당부분 엘리트 과두제(oligopoly)이다.

슘페터가 평균적인 시민의 정치적, 지적 능력을 제대로 평가했는지 아니면 과소 평가했는지는 논란의 여지가 있지만, 그의 '있는 그대로 정치를 보자'는 생각은 이후 현대 미국의 정치학자들—다원주의자들(pluralists)—에게 큰 충격을 주었다.

(2) 다원주의와 전자민주주의

1) 다원주의의 특징

다원주의자들은 슘페터와 베버에 의해 묘사된 '서로 경쟁함으로써 균형을 가져다주는 정치 엘리트' 논리를 받아들이는 한편, 미국 전통의 매디슨의 파벌균형론을 받아들여 발전시켰다. 파벌이란 현대적 의미로는 이익집단, 압력단체, 그리고 로비스트라고 이해된다. 다원주의자들은 정부의 기본적인 목적을 '어떠한 개별적 파벌에 의해서 다른 파벌의 자유가 잠식당하는 것을 막으면서, 그들의 정치적 이익을 증대시키기 위한 파벌의 자유를 보호해 주는 것'으로 생각한다. 따라서 선거와 정당만으로는 민주적 정치과정이 유지되지 못하므로, 다양한 유형과 규모의 활동적인 집단의 존재가 필요하다고 한다.

이들은 현대 사회에서 아테네식 민주주의 이상이나 루소 또는 마르크스가 생각했던 그런 민주주의는 불가능하다고 보았다. 그 대신 파벌들의 존재는 민주주의에 위협이 되기보다는 오히려 민주주의를 안정적으로 만든다고 보았다. 즉, 예전에는 민주 사상의 근원에 '개인의 자유'가 자리했었다고 하면, 다원주의자들에게는 '이익집단의 자유'가 더 중요한 관심사로 대치되었다. 그러므로 개인의 이익이 다양한 이익집단을 통해 반영되는 한, 모든 개인이 적극적으로 민주 정치에 참여할 필요는 없다. 어느 정도의 정치적 무관심과 냉담은 민주주의의 건전함을 반영하고 있는 것으로 여겨진다.

그리고 예전의 민주주의 학설들이 '개인 대 군주', '국민 대 관료제'와 같은 단순 대립적 공식에 의거하였지만, 현실 정치 세계에서는 그런 양분론은 존재하지 않고 다양한 집단의 다양한 타협이 있을 뿐이다. 게다가 한 개인은 여러 파벌에 중첩적으로 소속되어 있기까지 하다.(헬드, 1987: pp.209-213)

다알(Dahl)은 「누가 통치하는가?」(Who Governs?)라는 그의 유명한 연구에서 미국의 도시정치를 현실성 있게 분석하였다. 나름대로 독립된 정치 무대인 도시에는 공공정책에 영향을 주려는 다수집단이 존재하고, 이들이 서로 갈등 또는 연합하며, 이익집단 간의 교환을 통해, 장기적으로 시민에게 유익한 정책들을 창출해내고 있음을 보여 주었다.

이후 다알은 '다양한 이익집단이 존재할 때 독재적인 다수는 존재할 가능성이 없다'는 주장 하에, 다두정(多頭政; Polyarchy)이라는 용어를 창출한다. 다두정은 "소수파들의 통치, 또는 다양한 소수의 반대파들에 의한 지배"이다. 그 결과 다원적 민주주의는 "합의를 보장해 주고, 온건파에게 용기를 주면서, 사회의 평화를 유지시켜 주는 데 항상 상대적으로 효율적인 체계"이다.(헬드, 1987: pp.216-218)

2) 전자민주주의와의 유사점 및 차이점

이러한 다원주의적 정치관은 전자민주주의와 가장 잘 연계된다. 공통점과 차이점을 ① 개인, ② 이익의 대변자, ③ 이익대변 수단으로서의 언론 매체와 정치자금, 그리고 ④ 정부의 역할 등 여러 차원으로 나누어 살펴보자.

개인

다두정에서는 모든 개인이 정치에 능동적으로 참여할 필요가 없다. 이익집단이 정치 역할을 대행하기 때문이다. 투표 행태에 대한 연구 결과들은, 선거인의 약 2/3는 정치에 무관심하다고 한다. 전자민주주의의 e-people들도 일반적으로 정치에 무관심하다. 앞의 제3장에서 언급하였다시피, 이들은 정치에 무관심할 뿐더러, 혹 참여하는 경우라 할지라도 이메일을 보내는 등 소극적인 참여에 그치는 경우가 대부분이다.

즉, 다두정에서건 전자민주주의에서건 대다수의 개인은 정치에 냉담하고 무관심하다. 그러나 왜 개인이 정치에 무관심한가에 대한 원인은 서로 다를 수 있다.

다원주의자들은 개인을 '냉소적이고, 무관심하며, 정치과정에 영향을 거의 주지 못하는 존재'로 인식하는 경향이 있다. 엘리트들만이 실질적인 여론형성자라는 것이다. 개인은 정치를 하기에는 뭔가 능력이 결여된 것으로 보이고, 이들의 이익을 대변하는 엘리트들은 그것이 상황(狀況)이든, 자질(資質)이든 간에 뭔가 특출한 것이 있다고 보는 것이다.

그러나 e-people들은 이런 다원주의 생각을 그대로 받아들일 수 없다. 컴퓨터라는 기계를 장착하고, 웹이라는 네트워크의 도움을 받으며, 생체학적으로도 건강하게 장수할 수 있는 개인들은 이미 50년 전, 100년 전의 인간과 같은 존재가 아니다. 게다가 이익대변자들이 보통 사람보다 자질이 뛰어나기 때문에 이익대변의 역할을 맡았다는 생각은 더더구나 받아들여질 수 없다. 오늘날 국회의원들과 같은 이익대변자들을 '전문성이 없고, 파쟁만 일삼으며,

무능하다'고 생각하는 시민들이 많다. 사회가 정보화되어 갈수록 이렇게 생각하는 시민들이 더욱 많아질 것이다.[14]

E-people들은 자기 자신이 소위 정치엘리트라는 이익대변자들보다 훨씬 월등한 능력을 갖고 있다고 생각한다. 그러나 자신은 더 흥미로운 일이나, 더 수입이 좋은 일이나, 중요하다고 여기는 일을 해야 하기 때문에 정치와 같은 일은 대리인(이익대변자)에게 맡겨둔다고 생각한다. 그렇지만 이들이 직접 행동할 필요가 있다고 하면 의회와 같은 대리인을 제쳐 두고 정치 의사결정에 직접 참여할 수도 있다.(예를 들면, 1970년대 이후 급증하기 시작한 주민발안입법(initiatives)이 그 증거이다. 캘리포니아 주의 주민제안 13호(재산세 부과 제한법)나 1994년의 주민제안 187호(불법 이민자 제한법) 등이 가장 대표적인 사례다.)

이런 논리는 경제학 이론 중 비교우위론(comparative advantage)과도 일치되는 합리적인 생각이다(비교우위론은 다음 장에서 좀 더 자세히 설명된다). 비교우위론에 의하면, 능력이 큰 사람만이 정치가가 되는 것은 아니다. 오히려 정치에 참여하는 비용이 상대적으로 저렴한 사람이 정치에 참여할 수도 있다. 여기서 정치 참여 비용—이것은 기회비용의 개념이다—이 적다 함은 바꿔 말해 '정치 참여로 잃을 것이 적은' 사람을 뜻한다.

---

14) 미국 정치를 장기적으로 이끌어 가고 있는 집단은 바로 일반 국민이다. 이들은 보통 방관자(bystanders)로 여겨지나, 실은 이들이 진정한 통제자들이다. 정치가, 언론인, 비평가, 전문가, 로비스트가 아니다.(Gans, 1989, Grossman, 1995: p.102로부터 재인용)

이익대변자

다두정에서 개인의 이익은 다양한 이익집단에 의해 대변된다. 넓게 봐서, 정부나 정당 등 제도적 기관도 이익집단에 포함되며, 작게는 무수한 압력단체들을 말한다. 그런데 영향력 있는 집단일수록 대규모의 조직을 갖추고 있다. 또는 대규모의 조직이 있어야 영향력을 가질 수 있게 된다. 정보화는 이들 이익집단의 활동을 활성화시켜 주는 기능을 한다. 정당, 정치인, 이익집단, 그리고 정부 각 부처가 정보 네트워크를 이용해서 시민에게 다가가려고 한다.

"인공위성 회사인 팬암샛의 로비스트 쿠크는 1996년에 돌 의원의 대통령 선거운동에서 온라인 부문을 맡았던 전문가를 새로이 고용하였다. 그는 의원들의 정책 보좌관들과 잦은 접촉을 해야 하는데, 보좌관들은 엄청나게 바쁜 편이다. 그래서 쿠크는 자신의 웹사이트에서 자료를 다운로드받기 쉽도록 특별한 기능을 개발했다. 그리고 의회에서 관련 조치가 취해질 때마다 최신 정보를 이 웹사이트에 띄우는 방법을 취했다. …… 그 결과 1/5의 비용으로 의원들의 정책보좌관들과 접촉할 수 있게 되었다. …… 인터넷을 통한 로비 전략은 적은 비용으로 대중을 염두에 두는 전략이다."

(New York Times, 1999.11.10.)

다두정에서와 달리, 전자민주주의는 고정된 유형의 조직이 없는 이익집단을 창출할 수 있다. 단일 이슈(single issue)를 위하여 일시적으로 창출되는 형체 없는 가상 연합체의 구성이 가능하기 때문이다. 전자민주주의에서는 누구나 이익집단, 압력단체를 구성할 수 있다. 각 개인이 정당이고, 각 개인이 로비스트가 된다.

이처럼 원자화된 가상 압력단체가 때때로 대중의 관심을 끌고, 정치적인 위력을 발휘하기도 한다(예, 앞의 제6장에서 예로 든, Bowen 법안, Home school 지지자들의 시위 등). 하지만 무명의 가상공동체가 현실정치에 큰 영향을 미치는 것은 확률적으로 보아 발생가능성이 작다. 그러므로 사이버 공간상에 전문적인 압력단체 또는 로비스트가 등장할 가능성이 있다. 기존의 압력단체가 인터넷 홈페이지를 개설하여 이익 활동을 할 수도 있고, 전혀 새롭게 네트워크상에서만 존재하는 압력단체가 출현할 수도 있다.

그러나 미래의 압력단체들의 성격 역시 변화될 것이다. 지금까지의 압력단체들은 입법자(의원)와 규제자(행정공무원)가 그들의 접촉 대상이었다. 하지만 e-people들은 직접 정부를 상대로 능등적으로 참여할 도구를 갖추고 있다. 이에 따라 미래의 압력단체들은 보통 사람들을 상대로 한 로비 역시 중요한 비중으로 펼쳐 나가야 할 것이다.(Grossman, 1995: p.150)

이익대변 수단: 언론 매체

또 다두정에서는 이익집단들이 영향력 행사를 위해 신문, 방송 등 대형 조직체로 이루어진 언론 매체를 동원한다. 이런 언론 매체들 역시 거대 조직을 운영하고, 네트워크를 운영하는 데 고비용이 필요하다. 그뿐 아니라 기존 언론 매체는 기본적으로 일對다수(one-to-many)의 단일방향 커뮤니케이션 도구이다. 따라서 기존 언론 매체는 거대 이익집단의 이익을 편향적으로 반영하기 쉬우며, 경우에 따라서는 그 스스로가 압력단체가 되기도 한다. 즉, 행정, 입법, 사법부 외에 제4부(Fourth Estate)로 기능한다.[15] (정치와 언론의 관계는 이미 잘 알려져 있지만, 통신기술이 정치에 미친 영향력을 자세히 살펴보기 위해 이 장의 부록으로 수록하였다.)

전자민주주의에서도 커뮤니케이션 매체는 핵심적인 역할을 한다. 그러나 훨씬 더 진화된 매체인 팩스, 이메일, 인터넷, 인터넷 방송(net broadcasting) 등 개인 차원에서도 동원될 수 있는 매체가 사용된다. 매체의 성격 또한 다수對다수(many-to-many)를 지향하는 쌍방향 커뮤니케이션이다. 이런 매체를 이용하여 시민들은 굳이 언론사를 거치지 않고도 자기의 의견을 송출할 수 있다. 즉, 전자민주주의에서는 개인이 방송국이고, 개인이 신문사가 된다.

그러나 언론사 중에는 황색 센세이셔널리즘을 추구하는 언론사도 있고, 기자 중에도 가짜 기자, 비리 기자가 있는 것처럼, 인터넷 언론에 문제가 없는 것은 아니다. 익명성에 의지해 무책임한 언동을 하거나, 또 네트워크를 흑색 정치 선전의 도구로 사용할 수도 있다. 한국의 제16대 국회의원 선거 당시, 중앙선거관리위원회는 사이버 검색반을 운영하여, 삭제 534건, 주의 7건, 경고 4건, 수사의뢰 14건을 조치하였다. 이런 문제들 때문에 정치인들 사이에서는, 인터넷 통신에 '잘못 걸리면 끝장'이란 위기의식도 돌고 있다. 16대 총선 후 386세대 정치인들의 광주 음주 사건 등이 그것이다.

---

15) 제4부라는 용어는 보통 잘못 인용된 경향이 있다. 이 말은 프랑스 혁명 당시 영국의 정치인 에드먼드 버크(Edmund Burke)가 가장 먼저 사용하였다. 그는 프랑스 의회에는 3개의 부류(estates)가 있다고 하였는데, 왕의 신하, 귀족, 그리고 상인 그룹이 그것이다. http://www.vote.com/about_us

이익대변의 매체: 정치비용

다두정을 운영하는 데에는 비용이 많이 든다. 그러나 전자민주주의는 일반적으로 돈이 들지 않는다고 한다. 인터넷은 공짜나 다름 없기 때문이다. 앞으로 머지 않은 시기에 통신요금 제로(0)의 시대가 도래할 것이다.

하지만 이런 견해는 아직 검증이 더 필요하다. 신문 한 부 값이 몇백 원이라고 해서 정치가 돈 안 드는 정치가 되었는가? TV 시청료 역시 거의 없다. 그렇다고 돈 안 드는 정치가 정착했는가?

아직은 전자민주주의의 초기 단계에 있기 때문에, 접속 비용의 저렴함만 부각된다. 하지만 모든 정치가 전자화되어 갈수록, 전자 정치에서의 승리를 위해 투입되는 비용은 급증할 가능성이 있다.

다원주의의 문제점 대 전자민주주의의 문제점

다원주의는 수많은 권력의 중심이 존재하며, 이들 간의 견제와 균형에 의해 정치적 안정이 유지된다고 한다. 그렇지만 권력 중심이 다양하다고 해서 정부가 ① 모든 사람에게 귀를 기울일 것, ② 시민과 의견 교환 이상의 일도 해줄 것, ③ 권력이 없는 사람에 의해서도 영향을 받을 것, ④ 공공문제 해결을 위해 모든 노력을 기울일 것을 절대 보장해 주지 않는다.(헬드, 1987: p.224)

전자민주주의는 이러한 문제점들을 보완시켜 주는 대안으로 등장하고 있다. 하지만 전자민주주의에는 근본적인 문제점이 있다. 전자민주주의가 다원적 민주주의의 문제점을 보완해 주는 부차적 역할에 머문다면 큰 문제는 없다. 그러나 만약 정보화가 더욱 진전되어서, 그야말로 각 개인이 스스로 압력단체가 되고, 스스로 방송국이 되며, 모두 다 적극적인 정치 참여자가 된다면 아테네의 직접 민주주의가 맞이했던 위기보다 더 곤란한 일들이 생길 것이다.

고전적 민주 사상가들이 우려했던, 대중의 선동성, 정치적 타협의 불안정성, 그리고 무책임한 언행들이 난무할 수도 있다. 미래 사회에서는 이런 불안정성이 광속도로 증폭될 수도 있게 된다. 게다가 위기 상황에서 적절한 갈등 관리가 이루어지지 않는다면, 차라리 마키아벨리처럼 사이버 킹(Cyber King)을 갈구하는 상황으로까지 치달을 수도 있을 것이다.

(3) 신다원주의와 참여민주주의, 그리고 전자민주주의

신다원주의

다원주의의 이익집단 정치에 대한 해석은 대단히 현실적이었다. 그러나 다양한 이익집단이 존재한다고 해서 그들의 정치개입 능력이 다 동등한 것은 아니었다. 특히 다국적 기업이나 거대 기업의 영향력은 대단히 비대칭적으로 정치에 영향을 미쳤다. 신다원주의는 기업의 의해 야기되는 비대칭성의 문제를 집중 분석한다.

과거의 자유에 대한 관심사가 처음에는 군주로부터의 자유, 계급으로부터의 자유, 그리고 관료제로부터의 자유로 바뀌었다. 자유의 내용도 처음에는 개인 자유의 보호에 집중되었으나, 다원주의부터는 이익집단의 자유까지 보호되어야 하는 것으로 확장되었다. 그런데 이제는 자유의 위협이 기업으로부터 나온다고 보게 되었다.

기업의 소유 및 통제체계는 다양한 차원의 불평등을 창출해 내고 있다. 그리고 기업은 민주주의적 과정을 충분히 왜곡시킬 수 있을 만큼 사회적 자원과 경제적 자원의 불평등을 만들어낸다. (이런 자본주의를 corporative capitalism이라고 하는데, 보통 조합적 자본주의라고 번역되고 있다. 하지만 기업중심 자본주의라고 부르는 것이 더욱 적합해 보인다.)

개인 또는 유권자들은 정부 또는 그들의 대의원들이 이런 기업중심 자본주의의 문제점을 시정해 주기를 갈망한다.

그러나, 린드블롬(Lindblom)에 의하면, 정부는 사적 부문의 이윤과 번영을 보장해 줄 행동을 취해야만 한다. 불황, 인플레이션이다른 경제적 재앙은 정부를 붕괴시킬 수 있기 때문이다. 정치적 대의원들의 경우도 마찬가지이다. 정치가와 국가공무원은 국가를 강화하고, 특정 선거결과를 보장하는 데 관심을 가지며, 어떤 사안은 무시하고, 특정 사안은 부각시킴으로써 자신들의 영향력을 확대해 나간다.

다알(Dahl)은 이런 문제에 대한 해결책으로 "민주주의 원칙을 산업체에도 그대로 적용시키자"고 제안한다.

그런데 민주주의 원칙을 산업체에도 적용시키자는 생각은 신좌파들에 의해서 가장 잘 연구되고, 발전되어 왔다. 인간의 자유라는 명제는 우파만의 전유물이 아니다.

신좌파

신좌파의 대표 중 하나인 오페(Klaus Offe)는 "현대 국가가 자본주의의 모순에 빠져 있다"는 정당성위기론을 제기한다.

국가는 ① 사적으로 소유되는 자본을 인정한다. ② 재정은 자본에 대한 세금으로부터 나온다. ③ 그러므로 국가는 자본축적에 관심이 크다. ④ 자유민주주의 국가에서 정치권력은 대중선거를 통한 지지를 얻음으로써 획득된다. 따라서 국가는 한편으로는 자본축적과정을 유지, 지원해야 하고, 다른 한 편으로는 계급이익의 공평한 중재자라는 믿음을 유지해야하는 모순에 빠져 있게 된다. 정부는 이러한 정당성의 위기라는 모순 때문에, 기업이든 조합이든 강력한 힘(super powers)을 갖고 있는 집단에게 호의를 베푼다. 이 과정에서 약자는 희생되거나 무시된다.(헬드, 1987: pp.234-239 및 pp.259-264)[16]

이런 문제를 극복하기 위한 대안으로써 폴란챠스(Poulantzas)의 사회적 다원주의와 페이트맨(Pateman)의 참여민주주의를 예로 들 수 있다.

폴란챠스는 ① 의회, 국가관료제, 그리고 정당을 더 공개함으로써 국가를 민주화 함과 동시에, ② 공장 내 정치, 여성운동, 각종 집단을 통해 갈등이 국가에 의해서가 아니라 사회적으로 해결되는 민주적 장치를 개발해야 한다고 주장한다.

페이트맨은, 이제는 과거지사가 되어 버렸지만 유고슬라비아의 자주관리제(self-management) 등을 염두에 두면서, 조직구성원의 참여를 통한 작업장의 민주주의를 구현할 필요가 있음을 상기시켰다.(이상 헬드, 1987: pp.286-289)

---

16) 그런데 전자민주주의는 과연 이런 약자들(어린이, 노약자, 여자, 그리고 소비자 등등)을 돕는 데 어떻게 도움을 줄 수 있는가? 21세기의 신좌파라면 당연히 숙고해야 할 화두(話頭)다.

전자민주주의와의 관계

신다원주의와 신좌파의 사상적 출발점과 문제에 대한 처방은 서로 다르다. 그럼에도 불구하고 이들은 '기업이 국가를 통치하지 않으면서 지배하고 있다'는 데 견해를 같이 한다. 그리고 개인의 자유와 분배 문제를 민주적 과정이라는 불확실한 과정에 맡겨 둘 수만은 없다고 본다. 그래서 어떻게 개인의 생활을 지배하는 틀을 결정하는 데 동등하게 참여할 기회를 보장받을 수 있으며, 궁극적으로는 어떻게 '자유롭고 평등한' 개인이 될 수 있는가를 탐구한다.

이들의 정치사상적 업적이 전자민주주의에 어떻게 접목될 수 있는지 아직은 불분명하다. 그러나 앞으로의 발전을 위하여 몇 가지 중요한 화두를 제공한다.

1) 기업의 민주화: 기업은 자유와 평등을 위협하는 당사자이다. 이런 기업이 민주적으로 운영될 수 있어야 한다. 그런데 기업을 민주화하기 위해 정보화 매체, 또는 전자민주주의가 기여를 할 수 있는 방법은 무엇인가?

오늘날 네트워크를 통한 자유로운 의사 소통에 가장 큰 장애가 되는 것은 정부가 아니라 기업이다. "기업의 네트워크를 통한 직원의 이메일의 소유권자는 누구인가, 고용자인가 기업인가?" 1999년 미국에서 제기되었던 논쟁 거리였다. 어떤 기업이 직원의 이메일이 기업의 소유이므로, 정당한 권한을 가지고 직원의 이메일을 모니터링하고, 그 결과에 기초하여 해당 직원을 해고한 사례가 발생하였기 때문이다.

이 사건에 대한 소송은 현재 진행중이어서 아직 결론은 없다. 하지만 기업이 가장 기본적인 의사통로인 이메일의 소유권까지 주장하는 가운데, 전자 네트워크를 통한 '기업내 민주주의'를 논의하는 것은 다소 시기상조로 생각된다. 그러나 이 길은 언젠가 걸어 나가야 할 여정이다.

현재까지는 '기업내 민주주의'가 전자민주주의 논의에 포함되지도 않았었지만, 이것은 장래의 과제로서 깊이 생각해야 할 주제이다. 그리고 기업 뿐 아니라 모든 조직의 민주화로 확장될 주제이다.

한 가지 다행인 것은, 앞으로의 기업은 노동자들에게 힘을 주고(empower), 노동자들이 지적이고 생산적인 의사결정을 할 수 있도록 기업 정보에 접근할 수 있게 해 줘야 하며, 또 그 결정을 집행할 권한도 나눠 줄 수밖에 없다는 점이다. 그렇지 않으면 도태될 가능성이 높기 때문이다.(John Chambers, CEO, Sysco Systems)[17]

2) 기업과 개인(소비자) 간의 균형 회복: 기업에 비하여 비대칭적인 자원과 정보를 갖고 있는 소비자와 기업 간의 균형 회복이 필요하다. 이 문제에 대해서는 전통적인 소비자운동단체가 지속적으로 성과를 올려가고 있다.

전자민주주의는 이러한 소비자운동에도 기여할 수 있다. 기존의 소비자운동단체가 전자통신 네트워크를 활용하여 활동 영역을

---

17) "The Future of Internet Voting" 세미나(Brookings Institute와 Sysco Systems 공동주최, 2000) http://www.brook.edu

높여갈 수도 있고, 개인이 기업에 대한 자신의 견해를 통신망에
띄워 보낼 수 있다. 최근 사이버 공간에는 안티 사이트(anti-sites)
라는 것이 있는데, 이것들도 기업과 소비자 간의 균형을 회복하는
데 부분적으로 도움을 줄 수 있다.

한국의 기업 안티 사이트 사례

안티 삼성아파트	(http://sapt.ngokorea.org)
안티 포스코	(http://antiposco.nodong.net/korean/index.html)
안티 조선일보	(http://www.urimodu.com)
하나로 서비스의 문제점을	(http://euryonome.interpia98.net/~dennie/home.htm)
짚어 보기 위한 곳	
안티두루넷	(http://www.pusizen.com/thrunet-x/main.htm)
안티 현대자동차	(http://www.antihyundai.pe.kr)
안티 기아자동차	(http://www.antikia.systek.co.kr)
이랜드에서 상처받은 사람들	(http://www.noland.co.kr)
노 삼성	(http://nosamsung.co.kr)
노 현대	(http://nohyundai.co.kr)
노 엘지	(http://nolg.co.kr)
노 에스케이	(http://nosk.co.kr)

자료: http://www.ngokorea.org/citizen/citizen/citizen.htm

3) 국가와 정당의 공개화: 신다원주의자 및 신좌파 공히 국가의
자율성이 기업의 이익과 불가분의 관계가 있음을 비판한다. 이런
비판에 대한 대안은 국가와 정당의 운영을 개방하는 것이다. 정보
화는 이런 개방을 이룰 수 있는 주요 도구 중의 하나이다. 궁극적
으로 전자민주주의는 국가 및 정당의 개방화를 촉진하는 역할을
하게 될 것이다.

4) 닷컴(.com) 시대의 기업과 민주주의: 이상의 세 가지 논의에는 하나의 묵시적인 가정이 전제되어 있다. 즉, 경제체계가 전통적인 기업(즉, 굴뚝산업, brick and wall industry)에 의해 운영될 경우에 전자민주주의가 지향하여야 할 과제들을 논한 것이다. 그런데 산업 전반이 온라인 기업(.com)에 의해 대체되어 가는 경우에는 개인을 기업으로부터 보호하기 위해 어떤 일을 해야 하는가? 이것 역시 아직 탐구되지 않은 주제이다.

MIT의 컴퓨터과학연구소 소장인 더투조스(Dertouzos)의 견해를 들어 보자.

"일부 이상주의자들은, 정보시장이 조직 속의 동료와 상하 간에 인간의 차이를 없애고 평등주의를 확산시킬 것으로 믿고 있다. 내 생각에는 그렇게 될 것 같지가 않다. 커뮤니케이션이 잘 된다고 평등이 자동적으로 더 잘 보장되는 것은 아니다. 전화는 오래 전부터 커뮤니케이션을 극적으로 향상시켰다. 그렇지만 전화가 평등에 영향을 준 것 같지는 않다. 민주주의가 정보기술을 이용하면서 더욱 강력한 민주주의가 된 것과 마찬가지로, 독재권력도 독재자의 명령과 희망이 그럴 듯한 구실로 포장되어 사람들에게 더 효과적으로 전달된다는 것을 확인할 수 있었다." (Dertouzos, 1997: p.320)

전문가의 견해도 미래에 대한 예측은 애매하기 짝이 없다. 그렇지만 닷컴 기업 시대에 조직으로부터의 인간의 자유와 평등은 생각보다 훨씬 더 복잡할 수 있다는 뉘앙스를 전해 준다. 닷컴 다원주의(.com pluralism) 또는 닷컴 참여주의가 새로운 민주주의의 모형으로 필요해질지도 모르겠다.

5. 요약

이상의 상당히 방대한 논의를 통해 우리가 알게 된 사실은 다음과 같이 요약된다.

1) 민주주의가 현재와 같이 정치의 가장 보편적인 제도가 된 것은 불과 200년 안팎이다. 그러나 민주주의 사상은 지난 2,500여 년 동안 끊임없이 발달해왔다.

2) 개인의 자유를 보장해 주는 동시에 전체의 발전도 함께 도모하자는 것이 민주주의이다. 이 두 가지 목표를 동시에 추구한다는 것은 여간 어려운 일이 아니다. 하지만 이 둘 중 어느 하나를 경시하는 사상과 제도는 언제나 심각한 도전에 직면했었다.

3) 2,500년 간 발달해 온 정치사상들은 그것이 과거지사로 흘러가 버린 것이 아니라 오늘날의 민주와 자유를 위하여 언제라도 중요한 교훈을 줄 수 있는 인류의 위대한 유산이다. 전자민주주의와 같이 아주 새로운 현상도 아테네의 아고라 집회, 플라톤의 철인왕과 혼합정, 마키아벨리의 군주, 계몽주의자들의 대의민주제 사상들로부터 배워야 할 교훈이 있다. 그뿐 아니라 루소와 마르크스의 민주화 열망과 베버와 슘페터의 차가운 현실 분석도 전자민주주의의 미래를 내다보는 데 도움을 준다. 다원주의와 신다원주의는 전자민주주의의 등장을 가장 잘 설명해 주지만, 신좌파의 참여민주주의 이상 또한 전자민주주의의 발전 방향을 확대시켜 준다.

역사적으로 볼 때 민주주의는 자유를 위협하는 요소들로부터의 자유를 추구해 왔다. 군중으로부터의 자유, 군주로부터의 자유, 불평등과 계급으로부터의 자유, 관료제로부터의 자유, 기업과 상업주의로부터의 자유, 그리고 조직으로부터의 자유가 그것들이다. 무지(無知)와 무책임(無責任)으로부터의 자유도 묵시적으로 추구되었다.

이에 따라 민주주의가 추구하는 자유의 종류가 조금씩 달라져 왔다. 개인의 자유, 시민의 자유, 소수의 자유, 프롤레타리아의 자유, 이익집단의 자유, 그리고 조직구성원의 자유가 그것들이다.

그렇다면 전자민주주의는 '무엇으로부터의 자유'를 가져다주며, 또 '어떠한 자유'를 약속하는가?

우선 기술적인 제약으로부터의 자유는 확실히 가져다 주는 것 같다. 특히 발달된 기술로 언제 어디서나(any time, any place) 통신이 가능해지므로, 공간 제약으로부터의 자유와 시간 제약으로부터의 자유는 확실히 가져다 준다. 그리고 기업이 소비자 중심주의를 추구하고 정부 역시 GOD(government on demand)에 입각해서 운영될 것이기 때문에 관료제로부터의 자유도 어느 정도는 확보할 수 있게 된다. 정보공개가 확대됨에 따라 무지로부터의 자유도 더욱 가능해졌고, 클릭 몇 번으로 정치에 참여할 수 있으므로 개인과 소수의 자유도 확대된다. 하지만 무책임으로부터의 자유, 군중으로부터의 자유는 전자민주주의가 보장할 수 있는 것이 아닌 것 같다. 또 전자민주주의가 가장 보장 못할 자유가 바로 불평등으로부터의 자유다.

전자민주주의는 어떠한 자유를 약속하는가? 전자민주주의는 개인과 시민, 그리고 이익집단의 자유를 확대하는 데 크게 공헌할 것이다. 그러나 소수의 자유, 프롤레타리아의 자유, 그리고 조직구성원의 자유를 확대시키는 데 공헌할 수 있을지는 아직 미지수다.

그리고 다소 이상적인 질문이 되겠지만, 정치정보의 자유로운 확산과 이용이 과연 책임 있는 시민(responsible citizen)을 양성하는 데 도움을 줄 수 있는가? 밀이 희구했던 것처럼 정치 참여를 통해 '개인 능력을 최고로 조화롭게' 확장될 것까지는 바라지 않더라도 우리가 전자 통신 기술의 발달에 힘입어, 공공 영역에 더욱 참여하게 되고, 참여함으로써 참여하는 방법을 더욱 잘 알게 되는 (Pateman, 1970: p.110) 그런 상황으로까지 발전할 수 있을까? 즉, 우리가 어떤 종류의 삶을 스스로 만들고 싶어하는지 생각할 수 있게 되겠는가?[18] 우리가 19세기와 20세기 중반의 인터넷이었던 전화와 TV를 어떻게 사용했던가를 돌이켜 보면 상당히 회의적인 결론에 도달하게 된다. 전화와 TV가 인간성을 고양시켰다는 데 동의할 사람이 거의 없을 것이기 때문이다. 마찬가지로 현재의 인터넷이나 그 후의 인터넷 II, III, IV……도 그 전철을 밟기 쉬울 것이다.

---

18) 마르쿠제(Marcuse)는 현대인들을 "어떤 종류의 삶을 스스로 만들고 싶어하는지 생각할 수 있는 선택이나 기회를 가지고 있지 않는 존재" 즉 일차원적 인간(one-dimensional man)이라고 비판하였었다.

"컴퓨터 네트워크는 혁명적일 수 있다. 1989년 중국의 민주화 운동은 전세계에 퍼져 있는 수천의 중국인들을 연결해 주는 컴퓨터망과 팩시밀리의 도움으로 가능했다. 컴퓨터 게시판은 생각을 자유롭게 표현하는 대중적인 토론장이 되었고, 정부가 통제하는 뉴스도 국외로부터 유입되었다. 자유와 개혁을 외치는 소리가 컴퓨터로 출력되어 천안문 광장에 나돌았다."

(Heim, 1993: p.40)

이러한 진술은 소련의 붕괴를 설명하는 데도 적용될 수 있다. 그리고 한국에서도 1996년 여름에 한총련 사태가 일어났을 때, 한총련 간부들은 경찰 수배를 받아 피해 다니면서도 PC통신을 이용하여 집회를 동원했었다. 이런 사례들은 커뮤니케이션 기술의 발전이 정치적 이벤트에 영향을 미치고, 그 결과 정치 흐름의 방향마저 달라지게 만들 수 있음을 반증한다.

이런 사례들은 전세계에 걸쳐 발견될 수 있지만, 대부분 잘 정리되어 있지 않아서 에피소드로 그치는 경향이 있다. 하지만 미국의 경우에는 대중 신문이 발간되던 당시부터, 전화와 라디오가 등장할 때, 그리고 TV와 인터넷이 등장할 때마다 정치에 미친 영향들이 소상히 기록되어 있다.(이하 미국의 NBC와 PBS의 사장을 역임했던 Grossman(1995)으로부터 발췌, 요약한 내용이다.)

(1) 신문의 시대와 정치

미국 건국 초창기의 신문은 정치 파당의 기관지 역할을 하였다.

필사본에 기초해서 발행되는 신문은 발행부수도 적었고, 그 내용도 정견 발표, 정치 에세이, 그리고 정부의 공고문 등이었다.(유명 정치인이나 정당마다 소규모의 신문사를 하나씩 소유하고 있었다. 마치 오늘날 정치인들이 인터넷 홈페이지를 하나씩 갖고 있은 것처럼.)

그러나 1830년대에 자동 윤전기가 개발되자, 신문의 시대가 열렸다. 자동 윤전기는 신문발행 비용을 대폭 낮췄으며(1부에 1페니 정도), 구독률이 급상승하고, 신문사들은 정당으로부터 독립적 지위를 갖게 되었다. 이런 값싼 신문들(Penny Press)은 지역에서 발생하는 일들에 대한 뉴스(news)의 개념을 만들어 갔다. 그러나 정치, 특히 해당 지역을 벗어난 정치에 대한 관심은 상대적으로 적어졌다. 일례로, 초대 대통령 워싱턴이 사망한 소식이 뉴욕 신문에 개재된 것은 사후 5일이 지나서였다.

신문이 또 다른 전기를 맞게 된 것은 모스가 개발한 유선 전신(wired telegraph) 장치였다. 1844년에 워싱턴의 신문들은 전신망에 힘입어 메릴랜드 전역의 뉴스를 싣기 시작했고, 뉴욕 여러 지방의 신문들은 주도인 올바니(Albany)의 동향을 유선 전신으로 받아 게재하였다. 특히 1848년에는 뉴욕의 신문사들이 공동으로 연합통신(the Associated Press)을 설립하고, 뉴스의 전송을 효율화시켰다.

전신 시스템은 간략하고 명료한 표현을 요구했고, 속보성이 중요해졌다. 은유적이거나 수사학적인 표현은 배제되고, 표준화된 의미를 갖는 언어들이 사용되었다. 신문이 인쇄할 언어를 걸러내기 시작하면서, 정치는 점점 더 탈개인화(less personal)되었다. 1860년에 발발한 남북전쟁은 이런 경향을 가속화시켰다.

신문이 성장함에 따라 상업성이 부각되고, 지역 사회에 대한 관심은 줄어들었다. 뉴스는 '비누나 토스터'와 다를 바 없는 상품들 중 하나가 되었다. 그런 한편, 신문이 정부의 정책과 여론 형성에 미치는 영향력은 급격히 증가하였다. 예를 하나 들어 보자.

1898년에 쿠바가 스페인에 반기를 들었다. 미국의 유력 신문사 사장인 허스트는 기자를 쿠바에 파견하였다. 그러나 특파원은 "여기에는 아무 일도 없다. 전쟁은 안 일어난다. 돌아가겠다." 이 때 허스트의 답신: "돌아오지 마라. 거기서 기사를 계속 보내라. 전쟁은 내가 여기서 만들어주겠다"고 답신했다.

신문이 점차 정부와 대중을 연결시켜주는 역할을 수행해가면서, 정당의 모임은 점점 더 줄어들었다. 신문은 사람들에게 스포츠, 쇼핑 등 즐길 거리를 제공했고, 정치는 보통사람들의 중요한 삶의 영역이 아니게 되었다. 초기 미국의 독특한 전통—즉, 활발한 지역 정치에의 참여 전통—은 사라졌다.

(2) 라디오, TV 시대와 정치

1916년을 기준으로 신문의 전성기는 지나갔다. 1920년부터 라디오 방송이 시작되었다. 청각(聽覺)이란 감각기관에 직접 호소하는 라디오는 신문에 비하여 훨씬 더 호소력이 있었고, 지리적 제약도 없었다.

기술과 정치와의 관계와 관련하여 가장 많이 인용되는 사례는 바로 루즈벨트 대통령의 노변정담(爐邊情談, fireside chats)이다. 루즈벨트는 연평균 83회에 걸친 기자회견을 하였으며, 당시 보급

된 라디오 매체를 이용하여 경제 대공황기에 불안해하는 국민들을 달랬다.[19)

그 당시 국민들은 그들이 마치 루즈벨트의 서재에 초대받아 대통령의 말을 듣는 것 같았다고 회고한다. 루즈벨트에서 시작한 미국 대통령의 라디오 연설은 지금(2000년)까지도 계속 이어지고 있다.

라디오 방송이 시작된 지 25년 후에 TV 방송이 등장하였다. TV의 영향력은 라디오의 그것보다 훨씬 더 강력하였다. TV의 등장으로 사람들은 드디어 기자나 해설자의 중개 없이도 자기가 가보지 않은 곳에서 일어나는 일을 직접 눈으로 보고 판단할 수 있게 되었다.

TV 방송이 시작되자 투표 및 선거운동 행태도 바뀌었다.

로드 아일랜드는 전통적으로 공화당 강세 지역이었는데, TV 방영 이후 젊은이들이 민주당에 표를 던지기 시작했다. 자기 주변보다 더 넓은 세상이 있다는 것을 직접 목격했기 때문이다.

TV 방송은 1948년에 처음 시작되었는데, 그 해의 공화당과 민주당 전당대회 장소로 필라델피아를 선정했다. 이곳에 바로 AT&T 회사의 케이블 연결망이 위치해 있어서 여기서 열린 전당대회는 전국에 방송될 수 있었기 때문이다.

1956년에는 '파란색 전당대회'(Blue Convention)가 개최되었다.

---

19) 루즈벨트가 라디오를 이용한 담화를 한 것은 일년에 두세 번에 불과하다. (Rheingold, p.279). 그런데도 불구하고 그의 노변정담은 민주주의 역사의 중요한 에피소드가 되었다.

정치 이념이 파란색과 연관되어서 그런 것이 아니다. 흑백 TV는 파란색 배경일 때 가장 선명하게 시청된다는 사실 때문에 대회 준비자들이 모든 배경을 파란색으로 장식하였던 것이다.

인공위성을 이용한 중계방송 시스템은 TV의 영향력을 더욱 더 강하게 만들었다. 사람들은 자기 자신을 위하여(for themselves), 자신에 의해(by themselves) 정보를 접하게 되었다.

이후 TV의 발전은 ① 사람들을 정치 선전 및 조작의 대상으로 전락시키는 부정적인 면과 ② 동시에 여러 사람들을 교육시키고, 그들로 하여금 스스로 문제 해결에 앞장 서게도 만드는 긍정적인 면을 함께 보여주었다.

시민들은 정치가들의 정견이 좋아서 투표하기보다는, 그들이 자기의 정서적 감각에 맞기 때문에 투표하는 경향을 보였다. 케네디의 빨간 넥타이, 카터의 가디건 스웨터, 레이건의 목소리, 그리고 클린턴의 외모 등.

그리고 사람들은 걸프전의 생생한 중계에 감탄스러워했다. 특히, 페트리어트 미사일에 열광하였다. 그러나 페트리어트 미사일이 스커드 미사일 본체를 단 하나도 맞추지 못했다는 사실은 알지 못한다(그것이 요격한 것으로 방송된 것은 스커드 미사일의 사용되고 남은 연료통으로 밝혀졌다). 사람들은 어디까지가 진실이고, 어디서부터 가공인지 분간하기가 어려워졌다.

그러는 가운데 정당을 통한 대의민주주의는 점점 약화되어 가고, 시민들이 공공 문제에 직접 참여하는 기회가 증가하는 정반대의 경향도 강화되었다.

1970년대 이후 급증하기 시작한 주민발안입법(initiatives)이 그 증거이다. 캘리포니아 주의 주민제안 13호(재산세 부과 제한법)나 1994년의 주민제안 187호(불법 이민자 제한법) 등이 가장 대표적인 사례이다.

(3) 정보화 시대와 정치

1992년 대통령 선거에서 페로 후보가 전자주민회의를 통한 국민들의 직접 참여를 약속한 것을 기점으로, 현대의 민주주의는 정보화 시대로 급속히 접어 들어가고 있다.

대의제 민주주의의 지속적인 약화와 시민의 직접적인 정치 참여의 증가가 20세기 미국 정치를 관류하는 커다란 흐름이다. 그리고 이런 흐름의 뒤에는 커뮤니케이션 기술의 발달도 한몫을 한다. 그런데 이제 정보화 혁명이 일어나고 있고, 커뮤니케이션 기술의 발전은 민주주의의 발전 방향을 한 번 더 구비치게 만들고 있다.

제 8 장

전자민주주의에 대한 전망

1. 예측의 어려움

앞의 제6장에서는 전자민주주의의 현재 모습을 살펴보았다. 그리고 제7장에서는 정치사상사의 발달이라는 과거의 거울을 통해 전자민주주의의 의의를 재조명해 보았다. 이제 전자민주주의의 미래를 논할 차례이다. 그러나 미래를 정확하게 예측한다는 것은 불가능하다. 또 미래 예측은 만들어진 바로 다음 날부터 틀리기 시작한다는 말도 있다. 다음은 미래 예측이 얼마나 어려운가를 보여주는 단적인 사례들을 모은 것이다.

1863.   팩스 기계.
          Jules Verne(공상소설가. 비현실적이라고 출판이 거부됨)
1866.   태양의 최대 수명은 1억5천만 년이다.
          Kelvin 경(과학자. 절대온도 발견)
1876.   전화기: 아무도 갖고 싶어 하지 않는 장난감이다.
          G.G. Hubbard(전화기 발명가 Bell의 장인, 재벌기업인)

1880.	전축은 상업적 가치가 없다.
	Thomas Edison(발명가, 전축발명)
1888.	신용카드.
	Edward Bellamy(소설가. 1950년대부터 신용카드 실용화)
1899.	발명될 것은 모두 다 발명되었다.
	C. Duell(미국 특허사무소장)
1903.	더 이상 발견될 물리학 법칙은 없다.
	A. Michelson(미국 과학자. 에테르가 존재하지 않음을 밝힘)
1904.	World-wide communication.
	Nikola Tesla(마르코니보다 일찍 전신을 발명함)
1905.	여성은 투표하고 싶어하지 않는다.
	Grover Cleveland(미국대통령)
1913.	누구나 비행기를 소유할 것이다.
	W. Kaempfert(미래학자)
1914.	비행기가 전쟁을 방지할 것이다.
	C. Graham(비행사. 제1차세계대전 1주일 전)
1921.	로봇.
	Karel Capek(체코의 극작가. 로봇은 슬라브어로 work의 뜻)
1922.	활동사진(영화)이 교과서를 대체할 것이다.
	Thomas Edison(발명가)
1929.	증권시장은 영원히 고원(高原)에 머무를 것이다.
	Irving Fisher (예일대의 유명 경제학자. 대공황 일주일 전)
1938.	복제(cloning).
	Hans Spemann(독일의 배양학자)
1945.	통신위성.
	Arthur Clarke(소설가. 스스로도 인공위성의 상업적 성공을 믿지 않았음)

1948.	세상에는 컴퓨터가 다섯 대만 있어도 된다.
	T. Watson(IBM 사장)
1964.	비틀즈는 미국에서 히트치지 못한다.
	A. Livingston(레코드 회사 사장)
1968.	화상전화.
	Arthur Clarke(공상과학소설가)
1975.	나는 보디가드가 필요 없다.
	James Hoffa(노동조합장, 암살됨)
1977.	가정집에는 컴퓨터가 필요 없다.
	Ken Olsen(컴퓨터 개발자)
1995.	Wallet PC.
	Bill Gates(설명이 필요없음)

(출처: Malone, 1997에서 발췌)

앞의 예에서처럼, 위대한 예측이 당대에 제대로 대접을 받지 못하거나, 당대에 대단한 예측으로 보였던 것이 사실은 오류로 판명되는 일이 비일비재하다. 그럼에도 불구하고 여기서는 전자민주주의에 대한 전망을 제시하고자 한다. 오류의 가능성은 상존한다.

2. 커뮤니케이션의 발전과 민주주의 : '일對일'로부터 '다수對다수'로

인류의 언어는 원래 일對일(one-to-one) 의사소통 도구이다. 그러던 것이 고대 아테네에서는 인류 역사상 다소 예외적인 일이 발생했다. 수많은 시민들이 정치광장에 모여 연설하고, 토론하여 정책을 결정하였던 것이다. 이러한 제도는 언뜻 보기에는 다수對다수(many-to-many)의 메카니즘을 갖는 것 같지만, 그 당시의 기술 수준으로서는 다수對다수의 의사소통은 소음에 지나지 않았을 것이다. 오히려 아테네의 직접민주주의는 '확장된 일對일'의 의사소통체계로 보인다.

현대에 이르기까지 정치의 역사는 거의 대부분은 일對다수(one-to-many)의 의사소통체계에 의해 운영되어 왔다. 문자와 칙령에 의한 군주의 지배가 바로 그것이다.

이런 군주제에 대항하여, 계몽주의자들은 새로운 대안들을 제시했다. 의회의 권한을 확대하고 삼권분립 체계를 세움으로써 왕권을 제한해야 한다는 것이다. 즉, 왕으로부터 시작되는 일對다수(one-to-many)의 의사소통체계가 민의(民意, many-to-one)에 의해 견제받아야 했다. 이런 체제를 형식적으로 표현하자면, 일對다수 + 다수對일(one-to-many + many-to-one)이 될 것이다.

대의제 민주주의가 정착되어 가고, 신문, 라디오, TV 등 대중매체가 발전해 가면서, 지배층과 시민의 의사소통체계는 융합되기 시작했다. 즉, 대중 전달 체계를 접점으로 한 일對다수對일(one-to-many-to-one)의 의사소통이 정치에서 가장 중요한 역할을 수행한다. 앞의 제7장 말미에 수록된 〈부록 7-1〉은 이 상황을 비교적 자세히 설명하고 있다.

정보화 시대의 핵심 기반인 디지털 통신 네트워크는 새로운 커뮤니케이션 방식을 가능하게 해준다. 즉, 일對일, 일對다수, 다수對일, 그리고 다수對다수의 의사 소통을 모두 가능하게 만들었다.

3. 정보화 시대의 민주주의

(1) 다수對일 + 일對다수

2000년 현재 전자민주주의의 커뮤니케이션 방식을 단순화시킨다면, 다수對일의 커뮤니케이션과 일對다수의 커뮤니케이션이 혼합되어 있는 상황으로 묘사할 수 있다. 즉, 다수對일 + 일對다수(many-to-one + one-to-many)이다. 여기서 다수(many)는 일반 시민을 뜻하고, 일(one)은 시민의 요구와 욕구를 대리하는 기관(또는 제도)이다. 정부, 의회, 이익단체, 로비스트, 언론 등이 여기에 속한다.

전자 네트워크는 궁극적으로 다수對다수의 커뮤니케이션을 가능하게 만들어 준다. 정보기반시설(information infrastructure)이 지속적으로 확충되면 이런 가능성은 현실화될 것이다.

하지만 현재와 같은 대의제 민주주의가 지속된다면, 기술상의 문제가 아닌 전혀 다른 종류의 커뮤니케이션 병목 현상이 생긴다. 정치 참여를 원하는 다수의 시민들은 소수의 대의원에게 신호를 보내게 된다(다수對일). 이럴 경우 의원 또는 그의 사무실은 몰려드는 전자 커뮤니케이션을 처리하기에도 벅차게 될 것이다.

현재 의원들은 홈페이지 등을 개설하면서 자기의 의정활동을 다수에게 알리는 일對다수 커뮤니케이션의 장점 때문에 전자 네트워크의 사용을 좋아한다. 정부기관의 경우도 마찬가지다. 그러나 그들은 반대의 경우인 다수對일 커뮤니케이션은 부담스러워한다. 도무지 전자우편들을 '성실하게' 처리할 시간이 없는 것이다.

아마도 이런 병목 현상의 문제는 전자우편(미래에는 전자 비디오 메시지)을 전담해서 처리하는 로봇이 발명되기 전에는 해결하기가 어려울 것이다. 따라서 현재와 같은 대의 민주제도 하에서는 다수對일 + 일對다수(many-to-one + one-to-many)의 커뮤니케이션 방식이 정치 세계의 지배적인 의사소통 방식이 될 것이다.

현재 전자민주주의의 대표적인 유형으로 손꼽히는 전자주민회의의 운영 방법을 보면 다음과 같다.

- 공중파나 케이블 TV 스튜디오에서 적당한 수의 시민과 패널들이 모여 쟁점이 되는 주제를 토론한다.
- 시청자들은 전화나 컴퓨터 통신을 통해 이 토론에 참여한다.
- 사전에 이 주제에 관하여 제작된 프로그램을 방영한다.
- 지역별로 주민회의를 조직하여 위성을 통해 연결한다.
- 각 지역에서 도달한 토론의 결과 또는 투표를 통해 내린 결정을 주 스튜디오에 전달한다.
- TV 방송국은 뉴스 시간에 토론 결과를 방송한다.(안희원, 1997: p.58)

미국의 클린턴 대통령은 1992년에 실시된 전자주민회의에서 바로 이 방식을 사용하였다. 그러나 2000년 2월에는 보다 진전된 방식으로 인터넷 주민회의를 개최하였다. 이 회의는 CNN이 운영하는 allpolitics.com을 통해 중계되었다. 클린턴 대통령이 백악관 출입 기자와 노트북을 통해 인터뷰하는 내용을 네티즌들이 지켜보다가 의견이 있으면 메일을 보내는 식으로 진행되었었다.

전자주민회의의 궁극적인 지향점은 다수對다수(many-to-many)의 정치 커뮤니케이션이다. 이것은 이론적으로, 또 현재의 기술로도 문제가 없어 보인다. 하지만 대통령 또는 특정 인물과의 의사소통에서는, 자연인(自然人)이 동시에 처리할 수 있는 커뮤니케이션에는 한계가 있다. 그래서 소수對일(small-to-one)의 대화를 TV, 통신 네트워크 등의 매개체를 통하여 일對다수(one-to-many)로 확장시키는 방법을 사용하고 있는 것이다.

이러한 현실적인 절충은 언뜻 보기에 전자민주주의에 대한 제약같지만, 이 자체만으로도 정치에 커다란 영향을 미칠 수 있다.

(2) 다수對일 + 일對다수의 영향과 결과

1) 의회의 변화

통신 기술의 발달에 따라 시민들이 정치에 직접 개입하는 경우가 많아질 것이다. 그리고 정부나 의회가 아니라 시민들이 법률안 제정을 직접 청원하게 될 것이다(예, 미국의 주민발안 187조, 그리고 2000년도 한국의 선거법 87조 개정). 게다가 전자투표가 가능하게 되면, 법률안의 표결도 굳이 의회 내에서 의원들에 의해서만 이루어질 필요가 없다. 국민들의 직접 투표에 의하여 법률안의 통과 여부를 결정할 수 있을 것이다.

이러한 변화의 와중에서, 의회는 입법 및 의결 기관으로부터 토론주재 기관으로 바뀔 것이다. 즉, 문제를 제기하고, 청문하고, 문제에 대한 탐구를 하고, 그 다음 시민들에게 의견을 물어 본 다음에 의사결정에 임하게 될 것이다.(Grossman, 1995: pp.157-159)

2) 정치인의 변화

정치 리더쉽은 국민을 설득시키고, 국민을 움직일 뿐 아니라 그들의 의견을 듣고, 그들의 의견을 따르게 된다. 정보의 흐름이 빨라질수록 사람들은 대의 기관에 의존하지 않게 되고, 의사결정에 직접 참여하고 싶어한다. 예전에는 어떤 사안이 있어도 정보를 늦게 접하게 되면, 의견이 있다 해도 참여할 시기를 놓치게 된다. 그러나 정보화 시대에는 정보획득과 의사결정에의 참여를 동시에 하게 된다. 예전에는 정치인과 국민 사이에 언론과 전문가라는 중계자가 필요했지만 앞으로는 정치 웹마스터 또는 정치정보중개업자(political information entrepreneur) 등이 중요한 정치개입자가 될 것이다.

3) 법원의 변화

정보화 사회에서 법원의 역할은 더욱 더 중요해진다. 다수가 참여하는 사회에서는 소수를 보호하는 것이 더욱 중요해지기 때문이다. 법원은 무책임한 대중의 의지를 감시해야 할 보루로서 역할해야 한다.

4) 언론의 변화

산업사회에서 언론은 대표적인 과점 기업(oligopoly)으로 활동했다. 그리고 대중의 접근보다는 선택된 소수의 접근에 의해 운영되어 왔다. 그러나 정보화 사회에서는 국민의 보편적 접근(universal citizen access)이 가능해지도록 자체 개혁을 하여야 한다.

(3) 다수對일對다수

선거는 전형적인 다수對일(many-to-one)의 커뮤니케이션 장치이다. 많은 시민들이 소수의 대의원을 뽑는 식이다. 이렇게 해서 선출된 대의원들은 (이제 시민들과 상관 없이) 의사결정에 임하고, 그의 활동을 다시 유권자들에게 알린다(one-to-many). 이 두 과정이 분리되어 있거나, 아니면 언론 등의 매체를 통해 연결된 것이 과거의 의사소통 방식이었다. 현재의 통신 네트워크는 이런 매체를 보완하거나 또는 부분적으로 대체하고 있다.

그러나 미래의 정치에서는 다수對일(many-to-one)의 과정과 일對다수(one-to-many)의 과정이 분리되지 않고 통합되게 될 것이다. 미국의 Brookings 정책연구소에서는 2000년 2월에 "인터넷 투표의 미래"라는 세미나를 개최하였다. 이 세미나에서 제기된 문제들 중 하나는 서기 2004년이 되면 미국에서 인터넷 투표가 가능하다는 점이다. 여기서 인터넷 투표라 함은 통신 네트워크를 이용해서 재택투표를 하는 좁은 의미의 인터넷 투표가 아니다. 국민을 대리하는 의원들의 정치활동과 선거운동이 온전히 인터넷 상에서만 이루어지고(이것은 2004년보다 더 뒤에 가능한 일이지만), 인터넷 상에서 재신임을 획득하는 정치체계를 *의미한다.

이렇게 될 때 국민의 의견과 정치인의 활동이 직접 연결되어, 다수對일對다수(many-to-one-to-many)의 커뮤니케이션이 가능하게 된다. 머지 않은 장래의 전자민주주의는 바로 이런 방향으로 진화해 갈 것이다.

(4) 다수對다수의 정치는 가능한가

전자민주주의의 옹호론자들이 가장 이상적인 정치체계로 언급하는 다수對다수(many-to-many)의 정치는 가능한가? 또 그것은 바람직한가?

다수對다수의 의사소통에 기반을 둔 직접민주주의가 부분적으로 적용이 된다면 몰라도, 그것이 정치체계를 지배할 정도가 되어서는 곤란하다. 이 점은 제7장에서 자세히 살펴본 정치사상의 발달사를 통해서도 언급이 되었다.

그렇다면 바람직함 여부를 떠나서, 완전한 직접민주주의가 가능하기나 한 것일까? 이것 역시 가능할 성 싶지 않다.

완전 직접민주주의를 하기 위해서는 정치적 대리인(의원, 이익단체, 로비스트 등)이 없어야 하는데, 미래 사회가 된다고 해도 이들은 존재할 것이기 때문이다. 왜냐하면 개인이 그들을 원하기 때문이다.

개인은 직업 정치인의 존재를 원한다. 그들이 개인들보다 능력이 뛰어나서가 아니다. 오히려 능력이 훨씬 뒤지는 사람도 정치인이 될 수 있다. 왜냐하면 부가가치가 높은 활동을 하는 개인들은 자신들이 직접 부가가치가 낮은 일을 하기보다는 다른 사람에게 일을 맡기는 것이 궁극적으로 더 이익이 되기 때문이다. 저부가가치 활동에 직접 참여하는 것은 고부가가치 활동을 희생하는 것이나 다름없다. 그러므로 보다 낮은 기회비용을 가지고 정치 활동을 하고자 하는 사람들에게 정치를 대행시키는 것이 낫다. 이것은 정치활동을 비교우위론(comparative advantage)에 입각해서 설명한

것이다.[20)]

이런 비교우위론은 인간의 합리적 행동을 반영하는 것이므로, 정보화되는 미래 시대에도 그대로 적용될 것이다. 다만, 정치대리인(또는 대의원)들 간에도 경쟁이 있을 것이다. 그들은 자신의 기

---

20) 비교우위론은 이미 200년 전에 리카르도에 의해 개발된 것이다. 그러나 처음 접하는 사람들은 위해 약간의 설명을 첨부한다.

A와 B라는 두 나라(또는 두 사람)만 있는 경우를 생각해 보자. 그리고 이 두 나라가 생산하는 재화로는 기계와 직물 두 가지만 있다고 가정한다. 이때 한 사람의 노동자가 1개월 동안 생산할 수 있는 재화의 양이 다음과 같다고 하자.

	A국	B국
직물	6	10
기계	1	3

위의 표에 의하면 A국의 노동자 한 사람은 직물 6 단위를 생산하거나 아니면 기계 1 단위를 생산한다. B국의 노동자는 직물 10 단위 또는 기계 3 단위를 생산한다. B국의 노동자는 직물에 있어서나 기계의 생산에 있어서 모두 우위에 있다(절대 우위). 그렇다면 B국은 직물과 기계를 모두 생산하고, A국으로부터 어떠한 재화도 수입할 필요가 없는가? 그렇지 않다.

양국간 무역이 없을 때 A국의 노동자가 생산하는 직물의 상대 가격은 1/6이다. 즉, 기계 1/6 단위를 포기하고 직물 1단위를 생산하는 것이다. 이에 비해 B국의 노동자가 직물을 생산한다면 그 때의 상대 가격은 3/10이다. 즉, 기계 생산을 3/10 단위 포기해야 직물 1 단위를 생산할 수 있다. 3/10은 1/6보다 크므로 B국에서 직물의 가격은 상대적으로 높다(비교 열위). 즉, B국에서는 직물에 대해서 절대 생산비에 있어서는 저렴하지만, 상대 생산비에 있어서는 비싼 것이다.

따라서 A국은 비교 우위가 있는 직물을 생산해서 수출하고, B국으로부터는 기계를 수입하는 것이 유리하다. 마찬가지로 B국도 비교 열위의 직물 생산을 중지하고, 비교 우위가 있는 기계 생산에 주력한 후 무역하는 것이 더 이롭다.(정창영, 1984: p.566)

이상의 논의는 두 명의 개인에 대해서도 적용할 수 있다. 그래서 정치 활동에 비교 우위가 있는 사람이 정치 활동을 전문으로 대행하는 것이 사회적으로 바람직하다는 결론에 도달한다.

회비용을 더욱 더 낮춤으로써 지지를 얻고자 할 것이다. 정보화 사회에서 정치활동에 따른 기회비용을 낮춘다는 것은 바로 정보통신 네트워크를 적극적으로 활용한다는 의미이기도 하다.

최근에는 정치적 기업가(political entrepreneur)라는 개념도 등장하고 있다. 정치적 기업가는 기성의 정치 과정에 소요되는 비용을 전산화함으로써 비용을 절감하고, 결국 국민과 정책결정자 간의 의사소통을 증가시키는 역할을 한다. 예를 들면, 고비용의 여론조사를 저렴한 전자 서베이로 바꾼다든지, 의정보고서를 전자우편으로 보낸다든지 하는 기능을 한다. 이들은 시민들의 요구를 재빠르게 알아 내어 정확하고 빠른 정보를 제공한다.(Bonchek, 원성묵 역, 1997: p.331)

정치적 기업가는 정치부문에 있는 일종의 벤처 기업가와 같다. 이에 대해 『전자민주주의』를 저술한 브라우닝의 말을 들어 보자.

"내가 밴더빌트 대학의 법학 대학원에 다닐 때, 점심값을 아끼려고 집에서 도시락을 싸 가곤 했다. 그 당시에 친절하고 사려 깊은 남학생이 한 명 있었는데, 그는 결혼도 하였고 아이도 있었다. 그래서 그도 역시 돈을 아끼려고 집에서 샌드위치를 싸오곤 했다. 한 번은 점심을 같이 먹는데 그가 컴퓨터가 어떻게 작동하는지 설명하기 시작했다. 그는 미래에는 커다란 컴퓨터가 서류 가방만큼 작아질 것이라면서, 엔지니어들이 착안하고 있는 점들을 냅킨에 그림으로 그려주기까지 했다. 그 당시에 나는 그가 공상과학 영화를 너무 많이 봤다고 생각했다. …… 그는 후일 미국의 부통령이 된 고어(Albert Gore Jr.)였다."

(Browning, 1996: p.xvii)

고어는 미국의 초고속정보통신망(information superhighway) 구축을 주도하고 있다.

앞으로 시간이 갈수록, 명칭이야 어떻든, 이런 정치적 기업가들이 더욱 더 많이 등장하게 될 것이다. 미래의 시민들은 이러한 '정보 정치인'들을 더욱 더 원할 것이기 때문에 시민들이 직접 정치에 참여하는 다수對다수(many-to-many)의 정치가 지배적인 체계로 등장하기는 어려울 것이다. 하지만 다양한 정치 문제에 대한 토론이나 의견 교환이 활발해질 것이므로, 이런 다수對다수(many-to-many)의 정치는 미래 정치에 있어서 훌륭한 보조기능을 수행할 것이다.

제 9 장

맺음말

21세기에는,

- 학교는 없어지지만, 교육은 더 중요해진다.

- 교회는 없어지지만, 종교는 더 중요해진다.

- 사무실은 없어지지만, 업무는 더 중요해진다.

- 상점은 없어지지만, 판매는 더 증가한다.

- 가족의 지리적 관계는 없어지지만, 가정은 더 중요해진다.

- 국가는 없어지겠지만, 국가의 기능은 더욱 중요해진다.

- 정부종합청사는 박물관이 되겠지만, 정부의 기능은 더 중요해
  진다.

- 국회의사당은 없어지겠지만, 직업정치인의 역할은 더 중요해
  진다.

- 종합 정당은 없어지겠지만, 싱글 이슈 정치조직체는 더 많아
  진다.

- 정보화 사회가 될수록 더욱 수준 높은 정치가 요청된다.

즉, 20세기에 사회활동의 터전이 되었던 '마당'들은 없어지겠지만, 인간이 사회활동을 통하여 얻고자 했던 '기능'은 더욱 강화될 것이다.

이 책은 크게 두 부분으로 나뉘어 있다. 제1편에서는 정보화 시대라는 환경적 변화 요인을 살펴보았다. 기술 발전과 그것이 사회에 미치는 영향(제2장), 정보화 시대의 사람(제3장), 공동체(제4장), 그리고 미래의 국가(제5장)를 각각 설명하였다. 제2편에서는 전자민주주의의 현재(제6장)와 정치사상적 의의(제7장), 그리고 앞으로의 전망(제8장)을 탐구하였다.

그렇지만 매우 중요함에도 분석되지 않은 주제들도 남아 있다. 사이버 테러와 전자 보안, 프라이버시의 문제, 정보 불평등과 계층 분리(information divide) 및 정보 복지의 문제가 그것이다. 그리고 충분히 논의되지 못한 중요한 주제도 있다. 기계에 의한 인간의 지배 가능성 문제와 정치참여자들의 대한 무책임성 등이 그것이다. 전자민주주의는 이제 싹이 트는 단계에 있기 때문에, 앞으로 이들 주제에 대한 탐구가 더 활발히 진행될 것이다.

전자민주주의는 시민의 정치 참여를 활성화시켜 줄 수 있는 잠재력이 큰 새로운 분야이다. 그러나 이런 잠재력에도 불구하고, 현재 시점에서 평가할 때 아직 정치의 중추(backbone)로 작동하고 있지 못하다. 단적으로 말하면, 현재까지 전자민주주의는 정치의 악세사리(accessory) 역할에 그치고 있다.

전자민주주의는 당분간 데이터 통신을 즐기는 특수계층에 한하여 정치토론의 형태로 발전해 나갈 것이지만, 정보화가 진행되어 갈수록 대상계층이 확대되고 사이버 정치의 영역도 점차 확대될 것이다. 전자 여론조사와 전자 정치홍보는 비교적 용이하게 보편화될 것이며, 그 다음으로 전자주민회의, 재택투표 등의 순서로 발전해 나갈 것이다.

처음에는 대의제 민주주의가 미처 충족시키지 못하는 틈새를 사이버 직접민주주의가 틈입해 들어갈 것이다. 하지만 시간이 지날수록 전자민주주의 혹은 준직접민주주의(semi-direct democracy)가 그 영역을 넓혀 갈 것은 명약관화하다.

전자민주주의를 활성화시키기 위해서는 두 가지 작업이 필수적이다. ① 시민들에게 참여민주주의를 교육하고, ② 이들이 참여하도록 동기를 제공해 주는 일이다. 우리의 생활에 영향을 미치는 정치 사안들에 관한 정보를 더 많이 제공하면 할수록 이 두 가지 목표는 더 많이 달성될 것이다.

그러나 정보만 많이 제공한다고 민주주의가 발전하는 것은 아니다. 오히려 지나치게 많은 정보는 과부하(information overload)를 불러 일으켜서 정치적 무관심을 조장할 우려도 있다. 따라서 수많은 정치정보들을 적절하게 가공하여 전달해 주는 정치정보 기업가(political information entrepreneur)의 육성이 필요하다. 고대 아테네의 직접민주주의가 200년이나 지속될 수 있었던 것은 그들이 '500인 자문단'이나 '50인 모니터 요원' 등과 같은 현실적인 제도들을 창안하여 운영하였기 때문이다.

앞으로 전자민주주의의 발전 속도는 사이버 자문단, 사이버 모니터 요원, 사이버 정치정보 기업가 등을 얼마나 많이 배출해 낼 수 있느냐에 크게 좌우된다 해도 과언이 아닐 것이다.

그러나 이 모든 것에 앞서서, '올바른 정치'에 대한 인간 본연의 열망을 지켜나가는 것이 중요하다.

이 책에서는 상당히 많은 사례 연구와 인용문을 활용해왔다. 이 책을 마무리하는 데에도 다음과 같은 인용문을 사용하는 것이 적합할 것 같다.

필 메드슨(제시 벤츄라[21]의 웹 마스터):

"사람들은 나에게 웹사이트를 어떻게 만들었는지, 사람들의 눈을 끌기 위해 어떤 효과적인 기법을 사용했는지를 묻는다. 그럴 때면 나는 항상 똑같은 대답을 한다. '인터넷의 본질은 기술의 문제가 아니라, 관계(relationship)의 측면에서 이해해야 한다.' 인터넷이 없었더라면, 우리는 결코 선거에서 이길 수 없었을 것이다. 그러나 인터넷이 있었기 때문에 우리가 이겼다고 말하는 것은 결코 옳지 않다. 우리가 이긴 것은 제시 벤츄라라는 후보와 수많은 자원봉사자들이 서로 마음을 합쳤기 때문이다. 인터넷은 마음과 정열을 하나로 묶어 준 매개체이다."

(유민호 외. 2000: p.148)

---

21) 벤츄라는 전직 프로레슬러라는 특이한 경력뿐 아니라 초기의 MN-Politics때부터 전자민주주의에 관심을 갖고 활동하였다. 미국의 양당체제에 반대하여 제3당인 개혁당이 설립되자 여기에서 적극적으로 활동하였다. 특히 전자주민회의라는 아이디어를 가장 처음 들고 나온 로스 페로 후보의 대통령 선거를 도왔다. 1998년 미네소타 주지사 선거에서는 인터넷을 이용한 선거운동을 펼쳐서 자금과 경력이 쟁쟁한 기성 정치인들을 이기고 주지사로 당선되었다.

참고 문헌

(1) 활자 문헌

강정인. "민주주의 이론과 전자민주주의의 미래상". 전자민주주의연구원 세미나 발표논문. 1997.4.24.

강정인. "대안민주주의: 참여민주주의를 중심으로". 참여사회연구소(편). 『참여민주주의와 한국 사회』. 창작과 비평사. 1997.

공성진(편역). 『텔레데모크라시』. 거름출판사. 1994.

권태환, 조정제(편). 『정보사회의 이해』. 서울: 미래미디어. 1997.

김대환. "참여의 철학과 참여민주주의". 참여사회연구소(편). 『참여민주주의와 한국 사회』. 창작과 비평사. 1997.

김도훈(외). 『사이버스페이스의 발전과 정책과제도출』. 한국전자통신연구소. 1997.

더투조스(이재규 옮김). 『21세기 오디세이』. 서울: 한국경제신문사. 1997.

배득종. "뷰로크라시 대 사이버 뷰로크라시: 자유의 관점에서". 사이버 가버넌스 세미나. 이화여자대학교. 2000.

세바인 외(강정인, 김세걸 엮음). 『현대 민주주의론의 경향과 쟁점』. 서울: 문학과지성사. 1994.

아탈리(정혜원 옮김). 『21세기 사전: 자크 아탈리의 미래 읽기』. 서울: 중앙 M&B. 1999.

안병영. 『21세기 국가역할의 변화와 국정관리』. mimeo. 2000.

안희원. "텔레데모크라시의 가능성과 한계". 『동향과 전망』. 1997 봄.

마이클 하임(여명숙 옮김). 『가상현실의 철학적 의미』. 책세상. 1997.

마크 본체크(원성묵 옮김). 『브로드캐스트에서 넷캐스트로』. 커뮤니케이션북
  스. 1997.

유석진. "정보화와 민주주의". 전자민주주의연구원 세미나 발표논문.
  1997.4.24.

유평준. "전자정부에서의 행정서비스와 국민의 연결: 미국의 사례와 교훈". 미
  발표논문. 1997.

윤영민. 『사이버 공간의 정치: 시민권력과 공동체의 부활』. 서울. 한양대학교
  출판부. 2000.

이용석. "전자민주주의 개념정립과 전자여론수렴 방안". 한국전산원. 1997.

임혁백. "이제 다시 직접민주주의 시대로". 동아일보. 2000.6.6.

장조원. "풀뿌리 컴퓨터 통신망", UNITEL 풀뿌리 민주주의 동호회 자료실.

장훈. "정보민주주의론". 전석호(외). 『정보정책론』. 나남출판사. 1996.

정영국. "인터넷 활용과 국정여론 형성". 전자민주주의연구원 세미나 발표논
  문. 1997.4.24.

정충식. "전자정부 구현의 주요 성공요인에 관한 연구: 정책 Delphi 기법에 의
  한 분석". 1996. 성균관대학교 박사학위 논문.

최용성. 『웨비어워드』. 서울: 지식창고. 1999.

플라톤(이병길 역). 『국가론』. 서울: 박영사. 1975.

커즈와일(채윤기 역). 『21세기 호모 사피엔스』. 서울: 나노미디어. 1999.

한국여성정책연구소. "97 대통령선거와 사이버정당의 역할". 1997.

한국전산원. "전자정부 개념 정립 및 구현방안에 관한 연구". 1996. 보고서
  NCA VII-RER-9675.

헬드(이정식 역). 『민주주의의 모델』. 서울: 인간사랑. 1987.

황상민, 한규석 편. 『사이버 공간의 심리: 인간적 정보화 사회를 향해서』. 서
  울: 박영사. 1999.

황종성. "전자민주주의의 이상과 전자정부의 발전방향". 한국전산원. 1996.

Anderson, S.J. Information Technology and Electronic Democracy: Japan and
  the Asia-Pacific Region Respond to the Internet. mimeo. 1997.

Alexander, C.J. Plugging into New Currents. Party Politics in Canada. Scarborough: Rentice Hall. 1996.

Arterton, F.C. Teledemocracy: Can Technology Protect Democracy? Newbury Park, Ca: Sage Publication. 1987.

Bonchek, S.M. Grassroots in Cyberspace, The Political Participation Projet. MIT Artificial Intelligence Laboratory. 1995.

Bowen, C. Modem Nation: Handbook fo Grassroots Activism Online. New York: Random House. 1996.

Browning, G. Electronic Democracy: Using the Internet to Influence American Politics. Wilton, CT: Pemberton Press. 1997.

DeRabbie, D. The Use of New Technology by Canadian Political Parties. University of Western Ontario Press. 1996.

Dertouzos, M. What Will Be: How the New World of Information Will Change our Lives. New York: Harper Edge. 1997.

Doheny-Farina, S. The Wired Neighborhood. New Haven, CT: Yale University Press. 1996.

Dolbeare, K.M. and Hubbell, J.K. USA 2012: After the Middle Class Revolution. Chatam House: Chatam. 1996.

Elgin, D. The Awakening Earth. New York: Morrow. 1994.

Erne, R. et. al.(eds.) Transnational Democracy. Zurich: Realotopia. 1995.

Grossman, L.K. The Electronic Republic: Reshaping Democracy in the Information Age. New York: A Twentieth Century Fund Book. 1995.

Hague, R. Democracy and the Internet: Some Reflections on the UK Experience. mimeo. 1997.

Heim, M. The Metaphysics of Virtual Reality. Oxford University Press. 1993.

Horn, S. Cyberville. New York: Warner Books. 1998.

Joy, B. Why The Future Doesn't Need Us. Wired. April, 2000.

Kavanaugh, A and Cohill, A.M. Use and Impact of Community Networking in the Blacksburg Electronic Village, 1997. http://www.bev.org.

Kavanaugh, A. The Use of Internet for Civic Engagement: A View from Blacksburg, Virginia. 1999. http://www.bev.org.

Keskinen, A. (ed) Teledemokratia. Helsinki: Painatuskaskus. 1995.

King, L. Future Talk: Conversations About Tomorrow with Today's Most Provocative Personalities. New York: HarperCollins. 1998.

Knoke, W. Bold New World: The Essential Road Map to the Twenty-First Century. New York: Kodansha International. 1996.

Kurzweil, R. The Age of Spiritual Machines: When Computers Exceed Human Intelligence. New York: Penguin Books. 1999.

Lori, P and Murray-Clark, S. History of the Future: A Chronology. New York: Doubleday. 1989.

Malone, J. Predicting the Future: From Jules Verne to Bill Gates. New York: M.Evans and Company. 1997.

Matathia, I. and Salzman, M. Next: Trends for the Near Future. Woodstock, NY: The Overlook Press. 1999.

Miller, S.E. Civilizing Cyberspace: Policy, Power, and the Information Superhighway. New York: ACM Press. 1998.

Minkin, B.H. Future in Sight. New York: McMillan. 1995.

Mitchell, W. City of Bits: Space, Place and the Infobahn. Cambridge, Mass: MIT Press, 1995.

Newsweek. Your Life in the 21st Century. 1999.12.27-2000.1.3.

Pateman, C. Particiapation and Democratic Theory. Cambridge: Cambridge University Press. 1970.

Pelton, J.N. Telecommunications for the 21st Century. Scientific America. April, 1998.

Rheingold, H. The Virtual Community: Homesteading on the Electronic Frontier. Reading, Mass: Addison-Wesley Publishing Co. 1993.

Schmidt, M. Direct Democracy in Denmark. Copenhagen: NNf. 1993.

Sclove, R.E. Making Technology Democratic. in Brook, J. and Boal, I.E. (eds.)

Resisting the Virtual Life: The Culture and Politics of Information. San Fransisco, CA: City Lights, 1995.

Sheff, D. Old Way New Way 1998. Yahoo. April, 1998.

Slaton, C.D. Televote: Expanding Citizen Participation in the Quantum Age. Westport, Conn: Praeger. 1992.

Sterns, P. Millennium III, Century XXI: A Retrospective on the Future. Boulder, Colorado: Westview Press. 1996.

Tapscott, D. Digital Economy: Promise and Peril in the Age of Networked Intelligence. New York: MacGraw-Hill, 1996.

Toffler, A. The Third Wave. New York: William Morrow & Co. 1980.

Toffler, A. and Toffler, H. Creating a New Civilization: The Politics of the Third Wave. Atlanta, GA: Turner Publishing, Inc. 1994.

Write, R. World Government is Coming. The New Republic. 2000.1.17.

(2) 전자 문헌(인터넷 URL)

http://www.spyder.net/politics/index.html

http://www.politicsnow.com

http://www.townhall.com

http://www.house.gov

http://www.senate.gov

http://www.bev.org

http://www.cyberparty.co.kr

http://www.democracy.co.kr

http://www.eef.org

http://www.feminet.co.kr

http://www.vote.org/v/index.htm

http://www.votelink.com

http://www.winternet.com/~icenter

http://www.auburn.edu/tann/ati/

http://freenet.msp.mn.us/govt/e-democracy

http://www.ngokorea.org

http://www.pathfinder.com/reinventing

http://www.window.state.tx.us/

http://www.me.utexas.edu/~koen

http://www.cityscape.co.uk/users/fj22/

http://www.onlineinc.com/pempress/democracy/

http://www.survey.co.kr/past_qss. 1999.

- 김희재. "사이버 커뮤니티의 형성 가능성에 대한 평가설문".
사이버파티 자료실(하이텔, 천리안, 나우누리, 유니텔 Go net21)

- 원성묵. "2010 전자민주주의".
http://www.nic.or.kr

- 한국인터넷정보센터. "인터넷 이용자 실태 조사". 2000.4.